I0058132

El Sexenio 2004-2010

Derecho y Soberanía Ciudadana: VIIIª y IXª legislaturas
de las Cortes Generales españolas

Ricardo Manuel Trigo Calonge
Doctor en Derecho

Enero 2011

El Sexenio 2004-2010. Derecho y Soberanía Ciudadana: VIIIª y IXª legislaturas de las Cortes Generales españolas

© 2011 Ricardo Manuel Trigo Calonge

© Imagen de cubierta: Aadan40 - Fotolia.com
 Diseño y maquetación: Mario Moreno Cortina

Queda prohibida cualquier forma de reproducción, distribución, transformación y comunicación pública de esta obra sin la expresa autorización del titular de la propiedad intelectual.
La infracción de los derechos mencionados está tipificada como delito contra la propiedad intelectual (Art. 270 y ss. del CP)

ISBN: 978-1-4475-2986-6

Índice

PRÓLOGO

En los sistemas políticos modernos y en la mayor parte de los casos, el poder ejecutivo se otorga a los sucesivos Gobiernos, de modo *indirecto*, utilizando como mecanismo legitimador la participación del ciudadano en las Elecciones Generales[1]. Por medio de las Elecciones Generales queda fijada la composición de las Cámaras de representantes que votarán posteriormente al Presidente del Gobierno. El poder atribuido a Gobiernos cambiantes, debería alcanzar exclusivamente a los ámbitos político y ejecutivo, además de incluir la Potestad Reglamentaria. Tal Potestad, está sometida al control de los Tribunales de Justicia[2]. El Gobierno comparte con otras instituciones la iniciativa legislativa, que en todo caso debe ser sometida al órgano competente —las Cortes Generales en el caso de España—. Tal órgano, ostenta en **exclusiva** el poder legislativo. Sin embargo,

---

1 La Constitución Española prescribe que la Investidura del Presidente del Gobierno, se realiza por el Congreso de los Diputados previa propuesta del Rey. Usualmente el candidato pertenece al partido más votado, con lo que en definitiva el nombramiento de Presidente del Gobierno, que nombra personalmente su propio Gabinete, es realizado por el Congreso de los Diputados y no por los electores.
2 Como es bien sabido, mediante el ejercicio de la potestad reglamentaria, el Gobierno puede dictar *Reglamentos*, que en todo caso deben respetar el contenido de las leyes y que no vinculan a los jueces en sus decisiones, pudiendo quedar inaplicados por éstos, si contravienen preceptos legales.

es habitual que la actividad del Gobierno, merced a **la negociación**
con el resto de fuerzas políticas en las Cámaras representativas,
irrumpa en el terreno propio del ejercicio del poder legislativo yendo más allá de la mera iniciativa para proponer leyes. Tal actuación
puede hacer ineficaz la *separación de poderes*, principio básico de
los regímenes democráticos. En la medida en que el poder legislativo se *negocie* y que el Gobierno irrumpa por ese procedimiento
en el control de la actividad legislativa, es posible que se viole la
voluntad del ciudadano, porque pueden imponerse principios de-
rivados de una ideología y actuación gubernativas discordantes con
el criterio y la voluntad de los ciudadanos. Este solapamiento de poderes, alcanza también al poder judicial, dado que los jueces están
sometidos únicamente al imperio de la ley, y porque a través de la
actualización legislativa se influye de forma directa en su tarea, pu-
diéndose llegar en ocasiones, a impedir el ejercicio de prerrogativas
que están reservadas a ellos —ver art. 66, 97, 106.1, 117,1(Constitución Española, 1978).

Por otro lado, los Gobiernos pueden crear *Reglamentos* de forma
ágil, garantizando su inmediata aplicación por medio de la «autotute-
la» que permite la ejecución de los actos administrativos. Aunque estas actuaciones puedan someterse a posteriori al control judicial, en
un Estado donde la Justicia adolece de una extrema lentitud y atrofia,
es fácil esperar que cuando se logre obtener decisiones judiciales fir-
mes relativas al control de la actuación administrativa, sea demasiado tarde y el acto administrativo haya producido sus efectos de forma
irreversible[3].

---

3 Quizás tenía ese sentido la frase atribuida al Ministro Álvaro de Figueroa
y Torres (Conde de Romanones), durante el reinado de Alfonso XIII, cuando
apremiaba a que otros hicieran las leyes, pero que le dejaran a él hacer los
Reglamentos.

La *negociación*, que utiliza como moneda de cambio prebendas o privilegios de los que sólo el poder ejecutivo puede disponer, se ha visto favorecida en España por la presencia de partidos políticos regionalistas. Estos pequeños partidos, en tanto que obtienen mayores cotas de poder (competencias), para ejercer en sus regiones de forma autónoma, provocan en el Estado una debilidad que no favorece la unidad del pueblo y conforman un más *aparente* que *eficaz* pluralismo político. Esto se debe a que el interés central de los partidos regionalistas está enfocado al territorio autonómico, mientras que el resto del Estado es visto como competidor y su acción como una intrusión. El fenómeno puede encontrar una de sus causas en la huída del interés general, que es sustituido por una vocación práctica de los partidos políticos, cuyo fin es mantenerse en el poder. La consecuencia del negocio de los partidos, es la disgregación política y social. En ese esfuerzo desmedido de comerciar con el poder, puede estar presente también una deliberada estrategia de imposición ideológica, que permitirá el aumento del peso electoral de los seguidores de particulares opciones. Es en este aspecto en el que cobra relevante interés el derecho legislado durante los mandatos de los gobiernos, a cuyo análisis quiere dedicarse este trabajo.

En íntima relación con el fenómeno expuesto, la realidad de la nación española en los últimos años, ha puesto de manifiesto una amplia contienda social y política en torno a valores fundamentales para la colectividad, cuyo tono se ha elevado en ocasiones hasta un nivel de crispación que permite afirmar la existencia de una guerra incruenta (aunque en ocasiones agresiva), y por ello no exenta de actitudes difícilmente justificables desde el punto de vista ético. No sólo en el ámbito político en el que estamos acostumbrados a percibir sus poco edificantes «reglas del juego», sino también en las mismas relaciones sociales. El fenómeno, en la mayor parte de las ocasiones, aparece como si se tratara de quitar de la escena, de anular, a todo aquel que no comparta las novedosas ideas con las que se pretende conseguir un estatus de «progresismo de última hora», cuyos fines se presentan como promesas. Promesas de logros falsos e incluso imposibles. Tales problemas —por mucho que los que ostentan los puestos del poder (ya sea de gobierno, de oposición, los grandes capitales o los representantes ante las instituciones), se empeñen en mostrarlos como simple lucha ideológica o manifestaciones propias de una sociedad pluralista—, ponen en evidencia la crisis de los valores que se suponen compartidos por los miembros de la sociedad. Valores compartidos que pueden y deben ser afirmados, en tanto se asuma la vigencia de la Constitución Española de 1978, por más que haya sido en ocasiones mal interpretada.

No sería riguroso decir que esta descarnada contienda es una novedad del S. XXI, porque hay suficientes datos y argumentos para decidir que se arrastra desde momentos históricos españoles no muy lejanos, cuyo origen, al menos, pudiera situarse en el primer tercio del S. XX (cuando no, en épocas anteriores). En todos aquellos momentos, ni la sociedad, ni los gobiernos, han sabido afrontar las discrepancias con el que hubiera sido un grado de serenidad deseable y suficiente para evitar grandes males sociales. Males sociales cuyas consecuencias (no sólo económicas), siempre perjudican menos a los que más tienen. En el mismo sentido se puede decir, que lejos de servir a una superación del conflicto, la nueva etapa constitucional española lo ha mantenido con los específicos matices, que necesariamente se siguen del paso de un sistema dictatorial a un sistema que ha merecido los calificativos de constitucional, moderno y democrático, y sobre todo, en lo que aquí tiene importancia, que debería haber dado lugar a un estado *de derecho*.

Inmersos en la continuada y vieja contienda, no podemos evitar intuir que en los últimos seis años —dada la naturaleza y significación de muchos de los acontecimientos acaecidos desde el año 2004, en el que el Partido Socialista Obrero Español vuelve al poder situando a José Luis Rodríguez Zapatero como cabeza del mismo, en circunstancias tan excepcionales como la participación española en la Guerra de Irak o los atentados del 11 M en Madrid—, el encono en el debate ha ido en progresión. Esta escalada en la crispación es una cuestión que debe ser objeto de análisis detallado, para no caer en maximalismos radicales, ni en el sectarismo, ni en juicios apresurados de valor. El aumento de la tensión, por sí mismo justifica analizar el sexenio 2004-2010, sin remontarse más que en lo necesario, a etapas previas.

Como ejemplo ilustrativo de la situación alcanzada, se pueden citar algunas de las posiciones en torno a la problemática —aún hoy, objeto de controversia política y social—, relativa a las actuaciones y declaraciones de representantes de los partidos políticos españoles, a raíz de los capitales sucesos ocurridos en Madrid, el 11 de Marzo de 2004. Para algunos, lo sucedido ha quedado perfectamente aclarado por las investigaciones policiales y por los Tribunales. Para otros, sigue sin aclararse quienes fueron los verdaderos impulsores de los atentados que costaron ciento noventa y dos vidas y más de mil quinientos heridos. Los partidarios de esta última posición, han merecido el calificativo de partidarios de la «Teoría de la Conspiración». Es fácil poner en evidencia la contienda y el enfrentamiento de posiciones en problema tan fundamental, sin más que recurrir a manifestaciones de las partes:

«¿Cómo puede hablarse de atentado teledirigido? Teledirigido, ¿a quién? ¿Cómo se explica entonces el intento de atentado del AVE del 2 de Abril? ¿Cómo se explica la acción terrorista de los que se suicidaron en Leganés, que estaban dispuestos a seguir atentando hasta que agotaran toda la dinamita y todos los explosivos? ¿Cómo se explica la conjura del terrorismo islamista para intentar volar posteriormente la Audiencia Nacional

En todo caso, lo que puede afirmarse con toda claridad, según la opinión de mi grupo parlamentario —y así lo señalamos en nuestras conclusiones—, es que el atentado del 11 de marzo tuvo una directa intencionalidad política de carácter nacional; fue un atentado que, además de sembrar terror y provocar una masacre brutal, pretendía que se produjese un cambio en el Gobierno de España que provocara un giro en la política interior y exterior. Como señaló el en España? ¿Son también atentados teledirigidos? ¿Hacia qué? ¿Hacia quién? ¿Hacia la quiebra de un proceso electoral? No, señorías. No es interpretable la acción del terrorista, el terrorista mata cuando puede, desde su fanatismo busca los intersticios y aprovecha las oportunidades, y estaban asentados en España, estaban muy arraigados en nuestro país. Las alertas, desde nuestro punto de vista, fallaron, no se atendieron suficientemente, y hubo también importantes fallos policiales» (Grupo Parlamentario Socialista en el Congreso, 2005, pág. 21)

antiguo director del Centro Nacional de Inteligencia en esta Comisión, nadie con sentido común puede decir que la elección de la fecha fue casual. En el mismo sentido, el prestigioso analista Ignatieff decía en una entrevista, publicada en El País el 27 de marzo de 2005, que el 11 de marzo fue deliberadamente organizado por los terroristas para alterar el resultado de unas elecciones democráticas. Pero si se sabe que el objetivo fue interferir en el proceso electoral, lo que no se sabe es quién puso en marcha esa operación, quién decidió atentar, quién decidió la fecha, quién coordinó y organizó la masacre. Nadie puede creer a estas alturas que siete traficantes de hachís, que constituían, en el mejor de los casos, una célula durmiente, se conviertan en peligrosos terroristas y decidan organizar este tipo de masacre, sin conexión alguna con nadie.(Grupo Parlamentario Popular en el Congreso, 2005, pág. 17)

El antagonismo radical entre ambas posturas es manifiesto. Pero no se puede negar que tras todo acto terrorista existe una «*conspiración*». Cual sea la realidad de la misma y quienes los auténticos conspiradores, puede no llegar a conocerse nunca. Es manifiesta la manipulación que sufre el ciudadano, si se analiza la estrategia lógica utilizada en ambas posturas: partir de un principio indemostrable o falso, añadir al discurso datos ciertos o evidentes, y elevar artificiosamente a la categoría de verdad, lo que era falso de partida[4]. Esto se

---

4 Se trata de un *sofisma*, es decir un argumento que parece concluir la verdad, pero que es erróneo. En todo sofisma hay dos elementos característicos

observa tanto en la cita del Portavoz del Grupo Socialista, Sr. Cuesta Martínez, como en el discurso del Sr. Martínez-Pujalte. El primero, parte del principio (no demostrado), de que los actos terroristas del 11-M no fueron destinados a influir en el proceso electoral, que habría de concluir 3 días después, cuando se ejercería el derecho al voto. A continuación lanza una serie de preguntas —en realidad afirmaciones directas de hechos colaterales—, que mueven al lector a caer en una trampa intelectual, porque la veracidad de los hechos colaterales, incluso ajenos al fondo de la tesis, «parece» que otorga ese carácter a la premisa falsa e indemostrada. Del mismo modo, en el segundo fragmento, aunque con una tesis de partida radicalmente opuesta —los atentados tuvieron como fin influir en las elecciones para cambiar al Gobierno—, tampoco se aportan pruebas definitivas de tal hecho, limitándose a citar indicios verídicos que bien hubieran servido para hacer lo que realmente hubiera sido correcto: una investigación seria, sin condicionar a los Tribunales y que por las noticias recientes, pudiera haber sido defectuosa (Sentencia recaída en Demanda en defensa del honor instada por Sánchez Manzano, 2009).

El 30 de enero de 2008, se turnó demanda al Juzgado de Primera Instancia nº 56 de Madrid, en materia de defensa del derecho al honor, la intimidad y la imagen, interpuesta por D. Juan Jesús Sánchez Manzano contra diversos periodistas en relación a ciertos artículos

---

—el segundo suele ser difícil de descubrir—: una verdad aparente y un elemento oculto que no sigue el raciocinio de modo formalmente ordenado. Estas falacias pueden construirse de innumerables formas: omitiendo alternativas, elevando a categoría universal ciertos singulares, formando falsos dilemas, afirmando la veracidad de algo simplemente porque no se ha demostrado su falsedad... Dejamos al lector que analice los dos fragmentos de las Conclusiones de la Comisión de Investigación del 11 M, para que identifique el tipo de falacias que contienen.

publicados en la prensa, relacionados con la investigación de los acontecimientos del 11 M.

Entre otras informaciones relevantes, los periodistas habían publicado (ver F.D. Primero de la Sentencia):

a) *La supuesta relación entre el Jefe de los Tedax y Carmen del Toro (que había resultado imputada en el proceso judicial correspondiente).*

b) *El Jefe de los Tedax, deliberadamente habría suministrado al Juez Instructor del caso, información falsa sobre los componentes de los explosivos utilizados en el atentado. De esta forma se debería concluir que el explosivo utilizado no era Titadyn sino Goma 2 ECO, lo cual conduciría a una pista falsa sobre los autores del atentado y en consecuencia para condicionar el resultado electoral de las elecciones del 14 de marzo.*

c) *La necesidad de investigar a los investigadores, basándose en que sólo un cúmulo de negligencias de éstos (acreedoras de severas sanciones disciplinarias), podría descartar otras motivaciones de carácter delictivo.*

d) *La ocultación de hechos que demostraban que ETA había realizado pruebas para usar teléfonos móviles como detonadores en sus atentados.*

En el F.D. Cuarto de la Sentencia, el Juez afirma: «*La narración de hechos que contienen los textos analizados, desprovista de los juicios de valor o críticas que la acompañan,* **no resulta falsa** *en cuanto la información transmitida no difunde simples rumores, meras invenciones, o puras insinuaciones, sino, que antes al contrario, se corresponden a grandes rasgos con el desarrollo y devenir del curso de las diligencias policiales y sumariales*».

Creemos que estas citas someras son suficientes para poner en duda la investigación realizada, máxime cuando esta Sentencia fue confirmada posteriormente por la Audiencia Provincial de Madrid.

A nuestros efectos, lo que más interesa de estos discursos, es utilizarlos como ejemplo de manipulaciones tejidas desde el poder, que pueden llegar a abrir grandes brechas sociales.

La situación sólo puede ser superada, evitando tentaciones maximalistas o totalitarias, por medio de una vigilancia atenta, crítica y **creadora**. Vigilancia del poder que debe ser llevada a cabo por el pueblo consciente, formado y atento a las circunstancias. Las circunstancias a que nos referimos, permiten apreciar hechos trascendentales que involucran soterrados cambios de valores —valores propios del acervo común nacional—, sirviéndose de manipulaciones. Sólo poniendo en marcha aquellos recursos, será posible negar la legitimidad a toda función estatal que se manifieste contraria a principios básicos democráticos. Estos recursos son escasos en el pueblo: la conjunción de la voluntad individual y solidaria con la voluntad social. No se trata de poner en evidencia y lamentar las graves deficiencias de la sociedad en la que vivimos, sino esencialmente de aumentar y madurar culturalmente, fomentando conductas que desarrollen la capacidad de descubrir la realidad de modo personal. Se hace necesaria una profundización crítica que nos ayude a crear nuevas formas individuales y colectivas de vida.

La conducta del ser humano se define en el transcurso del tiempo —aunque está sometida de continuo a posibles cambios—, por el aprendizaje, la emulación, y los hábitos adquiridos. Unos y otros suponen actos realizados tanto de forma inconsciente, como de otras formas mediatizadas por la asimilación de las relaciones causa-efecto, y por la valoración consciente de los resultados observables en la experiencia, incluso cuando el acto de referencia pudiera ser meramente instintivo o condicionado. Pero más allá de las causas directas del comportamiento individual, ya sea habitual o eventual, no cabe duda que, en la experiencia acumulada por cada persona, se detecta una importante dosis de influencia ético-social. Esta influencia que involucra cualquiera de estas formas recién citadas de modelación de la conducta del ser humano, añade un plus de complejidad. La omisión de la consideración de este componente impediría entender plenamente la motivación del actuar de cualquier ser humano.

Son innumerables los trabajos que han tenido como objeto el análisis de la conducta y su explicación, partiendo de diversos modelos de persona: desde aquellos que residen en la reducción drástica a lo meramente empírico, como aquellos otros que reconocen un dualismo cuerpo-mente, incluyendo las versiones que no suponen la negación de la esencia unitaria del hombre. (FERNÁNDEZ BEITES, 2004).

Los primeros, parten del supuesto de que existen leyes naturales que explican con toda claridad cada uno de los acontecimientos propios de la vida del ser humano desde su origen, explicando sus actos, es decir su comportamiento e incluso su finalidad subjetiva vital.

Los segundos, modelos dualistas o dualistas unitarios, parten más bien de la conjunción de dos facetas: la meramente instintiva, común al resto del reino animal, y otra inmaterial ajena al objeto empírico que, resida o no en el cerebro, constituye la drástica diferencia que permite distinguir el hombre del resto de los seres animados y en la que probablemente residiría la racionalidad o la espiritualidad.

Desde una posición «externa», cualquier opinión fundada sobre la influencia de la normativa generada en la conducta y orientación del ciudadano, debería partir de una evaluación del derecho creado en las legislaturas del periodo objeto de estudio, porque efectivamente el derecho como ingrediente básico de las sociedades modernas y democráticas (con su indudable papel formativo y conformador del futuro social), refleja sin duda alguna, tanto las opciones del poder, como aquello que los ciudadanos están dispuestos a afrontar o al menos consentir, desde el individual y colectivo respeto al mismo. Claro es que esta evaluación requiere, en primer lugar, alcanzar un conocimiento mínimo de las diferentes corrientes que en torno al concepto y significación práctica del derecho, son accesibles en la actualidad. Pero el ciudadano, no puede ser un experto en cada una de las ramas del saber aunque al menos, sí debe —desde un punto de vista práctico—, esforzarse por alcanzar aquellos contenidos mínimos que puedan garantizar su responsabilidad, libertad e igualdad, en el momento en que decide poner su confianza en los que serán sus representantes políticos; sobre todo debe evitar polarizarse en el interés individual y particular, fenómeno que, tomado globalmente, conduce siempre a un pueblo de lacayos. Los políticos elegidos, dedicarán parte de su cuota temporal de mandato a discutir y confeccionar normas, que en muchas ocasiones consolidarán y en los casos en que den lugar a serias equivocaciones o a indeseados cambios de rumbo, sólo podrán ser evitadas mediante poco posibles reformas extraordinarias e imprevistas y ello siempre que se puedan evitar cambios más radicales.

INTRODUCCIÓN

Un acercamiento a la realidad social actual para una mejor comprensión de los acontecimientos, debe pasar por el análisis de los efectos que, sobre la conducta individual y el aprendizaje (como modeladoras de toda opción moral), pudieran tener las leyes promulgadas en las Cortes Generales desde el inicio de la VIIIª Legislatura (2004).

Pero, ¿Por qué escoger un periodo tan corto que sólo incluye desde el comienzo de la VIIIª Legislatura hasta la actualidad?

Hay dos razones: en primer lugar la habitual, la profusión legislativa que es común para todos los gobiernos; y en segundo lugar, otra decisiva, que es la observación del crecimiento de la tensión social y política, junto a la apertura de un importante debate jurídico-doctrinal en relación a ciertas materias especialmente sensibles para la sociedad española. Éstos hechos se observan, precisamente, en el periodo 2004-2010, de una forma más destacada que en otros periodos anteriores.

Rango de la norma\Año	2004	2005	2006	2007	2008	2009	2010	Totales
Ley Orgánica	3	6	8	16	2	3	9	47
Ley Ordinaria	4	30	44	56	4	29	42	209
Real Decreto-Ley	11	16	13	11	10	14	13	88
Real Decreto-Legislativo	8	-	-	2	2	-	1	13
TOTALES	26	52	65	85	18	46	65	357

Tabla I: Número de disposiciones aprobadas en las Cortes Generales Españolas (VIIIª y IXª Legislaturas)

En cuanto a la actividad legislativa puede apreciarse en la Tabla I que alcanza a 357 disposiciones aprobadas en el periodo elegido, sin tener en cuenta la normativa autonómica ni las disposiciones reglamentarias del Gobierno Central y de las Comunidades Autónomas que suponen algunos miles de normas. Esta ingente cantidad de textos, justificaría ya una reducción del periodo a estudiar. Pero **la razón esencial** para tomar esta decisión, hace relación al contenido material o sustantivo y a la evidente actualidad de la legislación del periodo 2004-2010. Baste para ello apreciar la repercusión y la confrontación social que ha supuesto la introducción de normas en materias tan diversas como:

- La Ley Orgánica 1/2004, de 28 de diciembre, de Medidas de Protección Integral contra la Violencia de Género.
- La Ley 13/2005, de 22 de junio, por la que se modifica el Código Civil en materia de derecho a contraer matrimonio.
- La Ley 15/2005, de 8 de julio, por la que se modifican el Código Civil y la Ley de Enjuiciamiento Civil en materia de separación y divorcio.
- La Ley 21/2005, de 17 de noviembre, de restitución a la Generalidad de Cataluña de los documentos incautados con motivo de la Guerra Civil custodiados en el Archivo General de la Guerra Civil Española y de creación del Centro Documental de la Memoria Histórica.
- La Ley Orgánica 6/2006, de 19 de julio, de reforma del Estatuto de Autonomía de Cataluña.
- La Ley Orgánica 8/2006, de 4 de diciembre, por la que se modifica la Ley Orgánica 5/2000, de 12 de enero, reguladora de la responsabilidad penal de los menores.
- La Ley 14/2006, de 26 de mayo, sobre técnicas de reproducción humana asistida.

- La Ley 24/2006, de 7 de julio, sobre declaración del año 2006 como Año de la Memoria Histórica.
- La Ley Orgánica 3/2007, de 22 de marzo, para la igualdad efectiva de hombres y mujeres.
- La Ley 14/2007, de 3 de julio, de Investigación Biomédica.
- La Ley 52/2007, de 26 de diciembre, por la que se reconocen y amplían derechos y se establecen medidas a favor de quienes padecieron persecución o violencia durante la Guerra Civil y la Dictadura.
- La Ley Orgánica, 2/2010, de 3 de marzo, de salud sexual y reproductiva y de la interrupción voluntaria del embarazo.

Todo parece apuntar a que tal normativa tiene y mantendrá una influencia notable en la conciencia social y la calidad democrática de la nación española.

Como el derecho es por naturaleza un fenómeno social, y si por lo tanto influye en la conducta y moral de la sociedad —como consecuencia de la propia fuerza de la norma que condiciona o configura el comportamiento colectivo, pasando por la conformación de la conciencia individual—, no cabe duda de que la actividad legislativa puede ser observada desde este prisma. Para ello se hace necesario tener en cuenta que toda norma, por el mero hecho de ser reconocida como tal, presupone una dimensión coercitiva y otra formativa y educativa. Unas veces evidenciándose de manera explícita y otras veces de forma indirecta. Esto se explica porque la imposición y aceptación de la norma —su obligatorio cumplimiento— genera una predisposición a actuar en determinado sentido y conlleva una determinada valoración de la realidad que pretende modificarse, forzando una orientación social específica en la conducta futura.

En este sentido, puede tener interés averiguar por medio de la revisión de la legislación española reciente, si tales influencias —cuya causa más próxima se encuentra en la propia normativa— han conducido o pueden conducir a un pensamiento parcial, acrítico y generalizado, que afecta a cuestiones axiológicas fundamentales para el desarrollo del individuo y la propia sociedad y, en definitiva, si ponen en evidencia los valores o intereses a que tiende la sociedad como resultado de todo ello y en su conjunto.

Por fin, también está en el ambiente social, la duda acerca de si es mera especulación o un hecho, que una adecuada planificación de la norma en determinadas circunstancias político-sociales, acompañada de las adecuadas dosis de difusión mediática y mediante la inherente coacción que supone la Ley —todas ellas convenientemente programadas en el tiempo—, permite condicionar y conformar las conductas de los individuos hasta consolidar una verdadera conciencia social común programada y ordenada a objetivos políticos de corto o medio plazo, que conduzcan a situaciones contrarias al consenso social.

La estructura política de corte constitucional moderno del Estado Español, supone que la actividad legislativa (que modifica y completa el ordenamiento jurídico junto con el papel trascendental de los Gobiernos de turno), debe garantizar el cumplimiento y respeto de los principios básicos que el pueblo soberano establece en el propio texto constitucional. Para ello prevé mecanismos de control que, en teoría, deberían ser suficientes para asegurar con eficacia la consecución de los fines últimos de un estado moderno, social, democrático y de derecho, en el cual la participación y el pluralismo constituyen los ejes de una sociedad en la que debe prevalecer la igualdad y la libertad.

El funcionamiento de todos los poderes e instituciones de forma acorde a los postulados constitucionales, **debería bastar** para asegurar que no es posible la creación y consolidación de políticas marcadas por unos fines modeladores de la uniformidad social —y menos con la vista puesta en el mantenimiento en el poder—, fijados por aquellos que representan determinadas ideologías, sólo particularmente compartidas.

Si por el contrario, la observación de los hechos nos revelara el incumplimiento de los mandatos constitucionales, porque se pudiera demostrar que a través de la legislación promulgada se imponen valores no acordes a la voluntad del constituyente —sirviéndose de los propios mecanismos democráticos— se pondría en evidencia el mal funcionamiento del Estado de Derecho y sería obligado investigar dónde se produce el colapso de la maquinaria propia de las instituciones democráticas: si en ellas mismas, en su deficiente uso (es decir en la propia limitación humana), o en ambas cosas. En tal caso, éste sería el punto de partida que obligaría a retomar en toda su profundidad y valor, la tarea de conformar una sociedad moderna que camine hacia cotas más altas de justicia y libertad.

I. UN PROBLEMA AÚN PERSISTENTE

Abordar la cuestión acerca de la influencia del derecho positivo[5] (derecho promulgado y vigente), sobre el comportamiento y la conciencia social, es una tarea que no puede prescindir de fijar con suficiente precisión *«qué es derecho»*. Existe una generalizada intuición, de que el derecho es un hecho social que tiene como fin principal regular el comportamiento. El derecho como hecho social, caracteriza a la sociedad a la que pertenece y por supuesto, puede ser transmitido por medio de cualquier institución educativa, lo cual es esencial. Con todo, estas ideas no completan el concepto de derecho.

Un paso esencial en la comprensión del concepto de derecho, supone plantearse al menos tres preguntas clásicas (HART, The concept of law, 1961): ¿qué relación, si existe, hay entre moral y derecho?; ¿y entre la fuerza y el derecho?; ¿puede reducirse el derecho a reglas y normas?

La respuesta a estos interrogantes ha conducido a diversas posiciones en torno al concepto de derecho. Para unos, derecho y moral mantienen una estrecha relación, hasta el punto que lo único que puede legitimar la norma es el cumplimiento de los criterios de

_____

5 Se da por supuesta la distinción entre *«derecho positivo»* (derecho vigente y promulgado, que por lo tanto, vincula), y *«positivismo»*, o mejor *«ius-positivismo»*, que es una de las variadas teorías que pretenden dar cuenta de lo que *«**el derecho es**»*.

justicia y de moral. Una ley inmoral no puede ser considerada parte de un sistema jurídico. Esta idea permite responder directamente a la segunda pregunta, porque si bien la fuerza puede ser condición necesaria del derecho, no será condición suficiente. La fuerza vinculante del derecho sólo cobrará razón de ser en tanto en cuanto se cumplan los criterios morales. Sólo las reglas ideales y naturales al descubrirse —en una búsqueda permanente de *qué es lo que se debe hacer*—, conforman el derecho. Estas reglas son inmutables y universales, intrínsecamente justas, constituyendo el objeto del conocimiento jurídico.

Para otras corrientes, esta visión dualista del derecho (derecho ideal frente a derecho positivo), no puede ser aceptada. No existe un derecho en la naturaleza o si existe, no es posible encontrarlo. El derecho no viene caracterizado por una referencia ética, está separado de la moral. En tal sentido proponen varias alternativas (BOBBIO, El problema del positivismo jurídico, 1992):

1. El derecho se reduce a ciertos hechos que se pueden verificar (obediencia general, que las normas sean dictadas por órganos competentes, etc.), sin que tengan que corresponder necesariamente a un determinado esquema de valores. El cumplimiento de los criterios morales nada tiene que ver con el carácter jurídico de la norma.
2. El derecho *que es*, sólo por su propia existencia, e independientemente de que se corresponda o no con un «derecho ideal», cobra su validez si se asumen determinadas premisas tales como: creencia en la voluntad dominante, la justificación de fines como la paz o el orden, etc. Las normas deben ser obedecidas *por sí mismas.*
3. El derecho encuentra su razón de ser en la existencia de un poder soberano, refiriéndose al Estado, que monopoliza «la coacción». Así el derecho es un conjunto de normas que se aplican por la

fuerza, incluyendo otras, cuyo fin es la formación de reglas para el uso del poder coactivo. Las normas jurídicas son mandatos del soberano y la fuente principal del derecho sería exclusivamente la Ley.

Por último, otras corrientes representan una reacción contra algunos de los postulados recién expuestos. Estas corrientes critican la unilateralidad de la identificación del derecho con la voluntad del legislador. El derecho no es identificable, ni con tal voluntad, ni con la ley. Para los seguidores de esta corriente, no se puede hacer tal identificación, si se verifica que el derecho, en realidad no coincide con la ley escrita, sino que incluye necesariamente la respuesta y actos de los tribunales. Una concepción realista del derecho, requiere prestar atención exclusiva a las decisiones de los propios jueces. Así, el derecho debería verse desde la perspectiva de un hombre que «calcula» la reacción de los jueces ante sus actos, evitando dar importancia primordial a la ley escrita (HOLMES, 2006 (1897)). La consecuencia es el *«escepticismo hacia la norma»*. El derecho legislado es indeterminado porque no garantiza la decisión que ha de tomar el juez ante cada caso. Baste para ello apreciar que el derecho práctico es controvertido y que en los tribunales se pueden encontrar argumentos jurídicos que conducen a soluciones (Sentencias) diversas o contradictorias. Pero yendo más allá, también es consecuencia de esta corriente (*Realismo jurídico*), *«el escepticismo ante los hechos»*. La identificación de los hechos enjuiciados con el supuesto de hecho de la norma (Subsunción), no puede desprenderse de cierto matiz subjetivo-valorativo, de forma que el juez podrá primero decidir la solución del caso y luego reconstruir los hechos para acomodarlos a la norma cuando dicte sus decisiones.

Cada una de las corrientes aludidas, incluyen variantes más o menos alejadas, añadiendo elementos característicos a las tesis centrales, que complican aún más la incompleta tarea de descubrir un concepto claro y compartido de derecho.

HART Y DWORKIN: RAZONES PARA UNA POLÉMICA

Pese a ello, el último tercio del S. XX ha venido a traer a la luz trabajos de filósofos del derecho que vendrían a profundizar y a enriquecer de forma importantísima todo el debate y a iluminar el fondo de la cuestión (aunque la solución se siga haciendo esperar). Entre tales autores, ocupan un lugar importante: HART, DWORKIN, y NINO[6]. Los dos primeros (DWORKIN ocupó la plaza de HART en la cátedra de Oxford), entablaron un importante debate que había ser objeto de análisis por otros autores como NINO, que sin duda realiza una relevante aportación. Viene bien a los efectos de nuestro objetivo, presentar someramente la problemática planteada en la polémica original y alguna de las conclusiones fundamentales, que han de servir tanto al lector para que formule su propia posición ante el derecho, como para el que esto escribe, que está obligado a obtener de las conclusiones de estos sustanciales debates, los necesarios elementos justificativos de lo que más adelante se afirma.

Hart: la primacía de las normas

El primer capítulo de una de las obras fundamentales de HART, «*El concepto de Derecho*» se titula: «*PREGUNTAS PERSISTENTES*» (HART, The concept of law, 1961), lo que ha sugerido el título del primer capítulo de esta obra. En aquella, como se ha indicado anteriormente, HART propone las tres cuestiones básicas que a su entender

---

6 Entre los que habría que incluir a los seguidores de unos y otros: RAZ, CA-RRIÓ y otros autores relevantes como MACCORMICK, SOPER, o RAWLS.

deben ser respondidas necesariamente, antes de aspirar a alcanzar un concepto solvente de derecho. El autor se considera a sí mismo partidario de un «*positivismo blando*» (HART, Post scríptum al concepto de derecho, 2000), y afirma que no existe **_una definición_** de derecho que pueda servir para responder a la pregunta esencial sobre *qué es el derecho*. Sin embargo, reconoce que la búsqueda de esta definición indagando (en el sentido de buscar analogías y diferencias entre ellos), sobre ciertos «elementos», permite avanzar en la teoría jurídica. Estos elementos son: **_moral, reglas y coerción_**. Dicho de otra forma, las preguntas recurrentes en que ha consistido históricamente el estudio del concepto de derecho son tres: *¿En qué se diferencia el derecho de las órdenes respaldadas por amenazas? ¿Hay diferencias entre obligación jurídica y obligación moral? ¿Es el derecho una cuestión de reglas?*

Su planteamiento consiste en responder a las tres preguntas que formula de partida, revisando las ideas recogidas en el modelo positivista denominado «***Teoría del Soberano***» (AUSTIN, 1970(1832)). En su versión simple, tal teoría identifica el derecho con un conjunto de órdenes generales respaldadas por amenazas que son dictadas por el *soberano* y que son habitualmente obedecidas, porque existe la creencia general de que estas amenazas serán probablemente hechas efectivas en caso de desobediencia. HART demostrará el fracaso de esta teoría profundizando en los siguientes aspectos:

- **las órdenes coercitivas no agotan el elenco posible de normas jurídicas:** existen normas jurídicas cuyo ámbito de aplicación no coincide con el de las órdenes dadas a otros (reglas primarias), porque imponen deberes tanto a quien las ha dictado como a los demás; porque hay normas jurídicas (reglas secundarias) que no imponen deberes, sino que otorgan potestades, gracias a las cuales, se consigue ejercer la facultad de creación de derechos subjetivos y deberes jurídicos; porque la continuidad en la potestad de creación del derecho, requiere la existencia de «una regla de sucesión» que permite mantener la vigencia de una ley cuando el soberano actual es sustituido por otro. La regla de sucesión no puede ser incluida entre el conjunto de órdenes coercitivas; Existen reglas cuyo origen no es un acto consciente de creación de derecho, sino que su origen, se encuentra en *la costumbre.*

- **La persistencia del derecho, no puede explicarse por la obediencia habitual al soberano presente.** No hay forma de explicar (salvo en los contornos del realismo jurídico extremo), por qué una ley no derogada y dictada por un soberano anterior, tiene el mismo estatus jurídico que una orden dictada por el soberano actual. El hecho reconocido de la persistencia de la norma, supone la existencia de una regla aceptada de sucesión, que no puede ser expresada como simple hábito de obediencia, sino como aquello que establece el derecho a legislar.

En la práctica, frente a la idea de un soberano de poder ilimitado y no sometido al hábito de obediencia, existen límites jurídicos a la potestad legislativa. Las limitaciones jurídicas observables de la autoridad legislativa no son deberes impuestos al soberano, sino incompetencias establecidas precisamente en las *reglas* que le habilitan para legislar. De esta forma, cuando se sobrepasan ciertos límites jurídicos, la norma dictada deviene nula, sin que sea necesario recurrir a la razón de la existencia de un incumplimiento del deber de obediencia por parte del soberano. (Para mejor comprensión, puede citarse el ejemplo de las Cortes Españolas, que deben legislar observando en todo caso los principios emanados de la Constitución. La Constitución —la «regla» que atribuye a las Cortes la potestad legislativa—, simultáneamente limita esta facultad para evitar que pueda ser alterada por medio de acto legislativo común).

HART aclara por tanto que la Teoría del Soberano de Austin, o como él lo denomina, «*el modelo del asaltante*»[7], no puede dar cuenta de muchas características esenciales de un sistema jurídico. En su lugar, y reconociendo la extrema dificultad de encontrar una definición de derecho, opta por introducir el concepto de *regla,* enunciar dos tipos de reglas y evaluar *la acción recíproca* entre ellas. La finalidad no es otra que ayudar a clarificar aquellas características del derecho que históricamente se han mostrado más desconcertantes y emplear su poder explicativo en aclarar conceptos que constituyen la estructura del pensamiento jurídico.

La importancia esencial de las reglas (al menos las primarias), proviene del hecho de que explican con mayor amplitud el concepto amplio de *obligación*. Para HART, resulta claro que en la situación del asaltante no hay obligación, sino que más bien la víctima se *ve obligada* a actuar cumpliendo la orden, en tanto su creencia o predicción sobre la probabilidad del riesgo así se lo aconsejan. Por eso, la idea de obligación derivada de una regla y la predicción de que se sufrirá un castigo al desobedecer, en muchas ocasiones no coinciden. La existencia de reglas surge de un modo de conducta ordenada a mantener una pauta o modelo de comportamiento que no tiene que ser coincidente con los hábitos sociales. Una regla impone obligaciones cuando existe presión social contra los que no la observan o amenazan con no observarla. Tal presión social puede manifestarse de variadas formas: reacciones críticas, hostilidad o desaprobación,

---

7   HART asimila el análisis de AUSTIN a su modelo del asaltante: «El sentido primero...se presenta cuando un hombre se ve forzado a hacer lo que otro le dice, no porque sea compelido físicamente en el sentido de que se actúa sobre su cuerpo, sino porque el otro le amenaza con consecuencias desagradables si rehúsa a hacer lo que este quiere. El asaltante ordena a su víctima entregarle el bolso y le amenaza con disparar si no lo hace;». Op. cit. El concepto de derecho, p. 8.

y puede depender de sentimientos como la vergüenza, la culpa o el remordimiento, pero también puede entrañar una sanción física. Sin embargo, *verse obligado* o sufrir presión social, no es lo mismo que tener una obligación, y para caer en la cuenta de esta distinción, se hace necesario tener en cuenta los aspectos «interno» y «externo» de la regla.

El observador de un grupo social en cuyo seno se siguen reglas, puede situarse *externamente* sin aceptarlas o también aceptarlas y utilizarlas como pautas de conducta. Es decir puede ser un *observador externo* o bien un *observador interno*. El primero podrá dar cuenta del grado de cumplimiento de las reglas, su regularidad o incluso la frecuencia de desviación y las reacciones que genera, llegando incluso con el tiempo a predecir la probabilidad de que se produzca una reacción frente a la disconformidad. Actuaría utilizando un método puramente empírico. Pero por otra parte, *el aspecto interno* de la regla hace referencia a la aceptación voluntaria y a la cooperación en el mantenimiento de la misma. El aceptante, no sólo ve la probabilidad de recibir una sanción por incumplimiento, sino que ve una razón para ejercer presión frente a la disconformidad, ve su propia conducta y la de los demás, en términos de reglas.

HART introduce la idea de la existencia de dos tipos de reglas: *reglas primarias y reglas secundarias*. Esta división es imprescindible para evitar una situación *pre-jurídica* cual sería aquella en que se produce la falta de certeza y la falta de una correcta y general identificación de la norma, porque en tales situaciones, no existen criterios para reconocer la validez de la regla, ni la capacidad para adaptar las reglas a circunstancias cambiantes o la necesaria para establecer con claridad la violación de una regla y proceder al castigo.

Mientras que las reglas primarias establecen de modo directo las obligaciones, aquello que los individuos deben o no deben hacer, las reglas secundarias se ocupan precisamente de aquellas. Las reglas secundarias dan cuenta de la tarea (respecto de las reglas primarias), de la formulación, eliminación, modificación y también de fijar de manera no controvertida las consecuencias de la transgresión y la forma de ejecución de las sanciones. Las reglas secundarias por tanto permiten pasar del sistema pre-jurídico al jurídico, al resolver los problemas básicos de aquel, por medio de la introducción de: *reglas de reconocimiento* (la referencia básica que permite la certeza), *reglas de cambio* (introducen las modificaciones, supresiones o nuevas reglas) y *reglas de adjudicación* (aquellas que otorgan potestades para fijar otras reglas[8] y a ciertas autoridades las facultades para decidir la violación y de qué forma se ha de ejecutar la sanción).

HART reconoce que aunque la combinación de reglas primarias y secundarias explique muchos aspectos del derecho, no es posible dar cuenta con su único auxilio, de todos los problemas planteados. Sin embargo, como se ha podido apreciar, para el autor las reglas primarias y secundarias considerando su interacción, ocupan un lugar central en el derecho, dado su gran poder explicativo. Con esto se puede justificar el título del presente epígrafe.

Dedica también una seria crítica al realismo jurídico, al oponerse abiertamente al *escepticismo* ante las reglas. La crítica se apoya en dos ideas fundamentales: por un lado, porque los escépticos también asumen el valor y vigencia de las *reglas de adjudicación* que otorgan la autoridad a los tribunales (de otra forma no podría entenderse, como defienden, por qué el derecho se puede identificar en sus actos), y por otro, el hecho de que las reglas conforman un medio común de asumir criterios o pautas de conducta que son comúnmente

---

8 Entre ellas sin duda se encuentran aquellas que permiten, en el uso de la voluntad de las partes, la realización de contratos, en los que las obligaciones son decididas por imperio de la voluntad y tienen carácter obligatorio entre las contratantes, son ley o regla para ellas).

aceptados. Desde estas ideas, rechaza la conclusión de que el objeto del derecho no es otro que predecir las decisiones de los tribunales, típica idea del realismo jurídico.

Derecho y moral en Hart

Saliendo al paso de las posiciones de los partidarios de las teorías ius-naturalistas, HART aborda críticamente la supuesta «conexión nece-saria» entre derecho y moral, en la cual aquellos se habían basado para rechazar la tesis central del modelo del asaltante (es decir, que el derecho no es más que un conjunto de órdenes respaldadas por amenazas).

HART sostiene que hay dos razones fundamentales para afirmar la separación entre derecho y moral: por un lado la necesaria distinción entre *justicia* y moral, y por otro, las existencia de importantes diferencias entre las reglas morales y las reglas jurídicas o incluso las reglas sociales o los modelos de conducta. Pero además, basará su argumentación en la existencia de muchas formas diferentes de entender la supuesta relación entre derecho y moral.

Es necesario aclarar, que HART no niega en ningún caso la influencia recíproca entre derecho y moral: «*es un hecho histórico, que el desarrollo de los sistemas legales han sido poderosamente influenciados por la opinión moral, y viceversa, los estándares morales han sido profundamente influenciados por el derecho*»[9].(HART, Positivism and the separation of Law and Morals, Feb. 1958) (p. 598). En realidad no niega que una particular norma, pueda satisfacer un mínimo moral, sino que afirma, que cualquier sistema normativo puede ser considerado derecho, aun cuando no satisfaga mínimos morales. Lo cual obviamente aboga de manera de-

---

9 La traducción es propia y directa del original.

cisiva por una separación clara entre derecho y moral en el nivel teórico.

La justicia está en íntima relación con el derecho, pero no coincide con la moral, de la que es una especificación que no comprende toda su extensión. Tanto en el nivel individual como en el campo propio del derecho, no es posible confundir «lo justo» con «lo moral», como lo prueba el hecho de que usualmente se hace coincidir «*lo justo*» con «*lo equitativo*», y esto último obviamente jamás puede confundirse con «lo moral». Por lo demás, determinadas decisiones de los tribunales, siendo justas, pueden pugnar con otros valores morales. La justicia que es un segmento de la moral, no se refiere a la conducta individual, sino más bien a los modos en que son tratados los individuos, de ahí su estrecha conexión con el derecho. En estas condiciones, se hace necesario decidir si regla moral coincide con regla jurídica o incluso social. HART encuentra cuatro características propias de la regla moral que no son predicables de las demás:

- *Importancia*: Si bien las reglas jurídicas y las morales pueden imponer obligaciones en ocasiones coincidentes, la importancia de las reglas jurídicas no es tan inherente a su *cualidad*, como lo es para lograr el estatus de regla moral. Así es posible encontrarse normas jurídicas cuya preservación o cumplimiento carece de importancia, y sin embargo siguen siendo tales, porque siquiera a nadie se le antoja la derogación. Esta circunstancia desde luego no es posible con una norma moral.
- *Inmunidad al cambio deliberado*: El juego de las *reglas de cambio*, dentro de los límites impuestos por una *regla de reconocimiento* y una adecuada Constitución, permite modificar, derogar o añadir normas a un sistema jurídico de forma deliberada. Desde luego que tal esquema no es aplicable a las reglas morales. La ética, se ha ocupado de forma permanente de ilustrar sobre

el hecho de que la moral «*está ahí*», debe ser descubierta y desde luego no puede ser creada por voluntad. Sin que esto, desde luego, signifique que la regla moral presenta una inmunidad absoluta al cambio lo cierto es que la regla moral no se cambia deliberadamente.

• *Carácter voluntario de las trasgresiones morales*: Cualquier sistema moral, excusa de las transgresiones en tanto que se produzcan de forma no intencional y observando las precauciones que es razonable tomar. En el sistema jurídico, si bien también se crean excepciones de esta naturaleza, a la manera de excusas absolutorias o eximentes, requieren de una prueba objetiva y no tienen la misma significación. Baste para ello, notar, que existe una responsabilidad «objetiva» independiente de la acción directa del actor.

• *La forma de presión moral*: frente a la amenaza de un castigo que es propia de la norma imperativa, la transgresión de la regla moral, genera una presión basada en la eficacia de la culpa, la llamada a la conciencia y el remordimiento.

HART sostendrá también, introduciéndose en la pugna entablada entre los seguidores del Derecho Natural y los del Positivismo Jurídico, que si bien suele ser un hecho que las normas jurídicas generalmente pueden satisfacer exigencias morales, de ello no se puede inferir que sea necesariamente verdad que siempre deba ser así. En realidad tras esta negación hay otra más fuerte, la negación de que el derecho debe coincidir para ser válido, con el inmutable —y pendiente de descubrimiento—, *Derecho Natural*.

Para HART todo sistema jurídico es un fenómeno social que involucra dos tipos de hechos: por un lado, actitudes y conductas que suponen la aceptación voluntaria de reglas, y por otro, actitudes más primitivas o simples que responden a criterios de obediencia.

Por eso, es fácil detectar personas con pautas de conducta definidas que aceptan las reglas desde el *punto de vista interno* y no sólo como amenazas por parte de los que ostentan la autoridad. Pero a la vez, también es posible apreciar la existencia de otras personas que por ser malhechores o simplemente por ser víctimas del propio sistema, deben soportar la imposición por la fuerza de tales pautas de comportamiento. El equilibrio es sumamente delicado, de forma que en definitiva, el paso del mundo pre-jurídico al jurídico (caracterizado por legislaturas centralizadas, tribunales, funcionarios y sanciones), aporta las ventajas de la certeza, eficiencia y la adaptación a los cambios, pero el precio a pagar puede ser alto en la medida en que el poder organizado pueda prescindir de muchos porque simplemente no necesite su apoyo para forzar la aplicación de las reglas primarias. Esta situación de hecho se ha producido (y afirmamos que se produce hoy), lo cual ha llevado a algunos, a afirmar la desacertada necesidad de que el derecho y moral deban ir necesariamente conectados. A juicio de HART, esta apreciación es errónea y debe analizarse con cuidado y esmero. HART no niega que en la aplicación e interpretación del derecho por los tribunales, pueda existir una cierta conexión ocasional con la moral, de hecho esta situación es muy propia del sistema anglo-sajón, pero sí niega que tal relación deba ser necesaria. El autor, sin duda influido por las circunstancias de la última Gran Guerra[10], hace una distinción crucial: cuando una regla es inicua (malvada o injusta), ¿debemos apresuradamente decir que no es derecho, o simplemente que, aún formando parte del sistema jurídico, es demasiado inicua para obedecerla? Su posición se decanta sin duda hacia

---

10 Es de interés citar textualmente un párrafo de la obra ya citada, El concepto de derecho:»También está el problema que enfrentaron los tribunales de post-guerra alemanes: ¿Hemos de castigar a quienes hicieron cosas malas que eran permitidas por leyes perversas, entonces en vigencia?». p.260.

la contestación afirmativa a la segunda pregunta. Las razones de tal convencimiento hay que buscarlas en aquello que se puede sacrificar al rechazar como derecho las reglas que se han formulado según los criterios de validez aceptados (reglas de reconocimiento, reglas primarias y reglas secundarias). Y esto es lo que se produce cuando se aplican criterios de validez basados en los dictados del Derecho Natural. Este tipo de problemas nunca pueden ser resueltos mediante la negación de la validez jurídica de las leyes malas. Se precisa de un concepto de derecho, que permita distinguir entre validez de las norma y su inmoralidad. Mientras existan seres humanos que puedan encontrar suficiente poder para dominar a otros, utilizarán sin duda el derecho para dictar normas inicuas que otros aplicarán. En tales casos lo que se necesita son personas que reconozcan que la afirmación de que una regla es jurídicamente válida, no supone haber resuelto si se le debe obediencia. Es separadamente, cuando por muy investido de autoridad que se presente el poder del que emana la norma, debe ser realizado el examen moral. Esta posición es posible en aquellos que entienden que pueden existir reglas inicuas, pero es muy improbable en los que afirmen que la regla inicua no es derecho.

Dworkin: el valor de las versiones interpretativas/ valorativas frente a las teorías normativistas

DWORKIN, se opone al positivismo poniendo en tela de juicio al menos tres de sus tesis principales (DWORKIN R., 2002.): **la primera**, referida a que el valor moral de la norma, no define de forma necesaria su juridicidad; **la segunda**, sobre «la indeterminación» del derecho y la *discrecionalidad judicial* (posibilidad de aplicar su propio criterio en determinados casos que se presenta en los casos difíciles), en los que no es posible encontrar solución desde la norma y que permiten al juez, decidir con amplias facultades, «*creando* *derecho»*; **la tercera**, sobre la justificación normativa partiendo de las prácticas sociales.

Respecto a la primera cuestión, y frente a la idea de que el derecho se reconoce por su origen fáctico (es decir por la realización de hechos específicos y preconcebidos), DWORKIN opondrá la idea de «los principios». Estos principios, son estándares aplicados comúnmente por los jueces cuando deciden resolver los problemas jurídicos, y expresan convicciones sobre su idea de justicia, de equidad y otras *dimensiones morales*. Si bien los principios no se aplican de igual forma que las reglas, sino que se utilizan bajo una óptica de «ponderación» (técnica para sopesar y decidir entre opciones válidas), sí presentan analogías con aquellas, porque pueden establecer derechos y deberes que ya existen antes de la decisión judicial, siempre que tales principios sean aplicados. En este contexto, no sería razonable no tomarlos en consideración como parte del derecho. Y esta afirmación, llevaría directamente a afirmar una conexión necesaria entre derecho y moral además de descartar las teorías normativistas, puesto que no sólo integran y constituyen el derecho *las reglas* obtenidas según un criterio de origen o *pedigrí*, sino también *los principios.*

En cuanto a la tesis de la discreción judicial, DWORKIN entiende la tesis positivista en el sentido de que a veces no existe una solución correcta a cuestiones jurídicas complejas (indeterminación del derecho), casos en los que los jueces recurren a estándares extrajurídicos (Principios). Pero claro en este caso según DWORKIN, la discreción judicial está comprendida dentro del propio derecho, en tanto que tales principios, incluidas teorías sobre la interpretación, forman parte del mismo.

Respecto a la tercera, DWORKIN critica el contenido de la regla de reconocimiento como explicativa de una práctica social que deberá ser seguida por los jueces al aplicar los principios que identifica. Un juez cuando aplica la regla siguiendo su deber, no se refiere a cómo otros pudieran considerar tal deber. Por el contrario la forma en que se realiza el deber del juez, presupone una particular comprensión de la norma que permite identificar reglas y principios. La validez de esta individual comprensión no depende de que sea mayoritaria o generalmente aceptada.

ALGUNOS CRITERIOS NECESARIOS: LAS GARANTÍAS CONSTITUCIONALES

Hasta aquí, se han expuesto somera y resumidamente, algunos aspectos del núcleo de la problemática contemporánea acerca de la naturaleza del derecho. Dos son los objetivos principales: uno, que el propio lector pudiera sacar su personal intuición sobre el derecho, y otro que persigue (aún dentro de las incertidumbres propias del fenómeno social, llamado *derecho*), identificar algunos elementos fundamentales que están presentes en los sistemas jurídicos actuales —incluyendo el propio del Estado Español—. Con esto se espera poder justificar desde una posición común, el análisis crítico que se pretende en la presente obra. Este segundo objetivo que requiere de cierta complicidad del lector, es el que se aborda a continuación.

El estudio sobre la problemática contemporánea en torno al concepto de derecho, sirve para afirmar algunos caracteres del mismo:

a) El derecho es un hecho social capaz de interaccionar en los dos sentidos sobre las prácticas sociales, y directamente en el comportamiento individual y colectivo. Ya desde el punto de vista del «*modelo del asaltante*», cabe decidir que existe una intención previa por parte del *soberano*. Tal intención está ordenada a obligar a los súbditos para que adquieran unos modos o pautas de comportamiento, que sean acordes con las intenciones e intereses de aquél.

b) El salto teórico de una noción pre-jurídica de derecho a otra más desarrollada, supone el mantenimiento de la coerción y la puesta en práctica de un sistema legitimador de la misma. A ello se debe añadir la incorporación de los adecuados instrumentos que servirán para establecer: *la seguridad jurídica, los mecanismos de reconocimiento de la norma, la autoridad para decidir la controversia y para hacer cumplir las decisiones.*

c) En las sociedades modernas, este modelo más completo de derecho, supone la existencia de una *Constitución* previa, generalmente aceptada, que vendrá a legitimar para sus aceptantes tales instrumentos.

d) Hemos podido apreciar que la visión «normativa» del derecho, que sirve para reconocer las reglas aplicables a través de la constatación en ciertos hechos (tales como su origen predeterminado y formal, su *pedigrí*), no da cuenta de todos los aspectos que envuelve el concepto de derecho.

e) La visión normativa, sin embargo, explica con acierto muchas observaciones en los sistemas reales. Así por ejemplo, explica cómo los sistemas constitucionales legitiman una estructura política con la que se pretende evitar, tanto la ilimitada potestad legislativa del soberano, como el monopolio de la actividad legisladora en manos de poderes fácticos. Garantías que de ser eficaces, impedirían que los que ostentan el poder pudieran legislar y vincular con sus leyes a otros sin contar con su aceptación. Pero son garantías que surgen de la aceptación de una perspectiva moral predeterminada en la Constitución, que incluye la regla de reconocimiento, que otorga validez al *derecho que es.*

f) La polémica moderna sobre el concepto de derecho, ha permitido nuevas perspectivas y aportaciones que aumentan la explicación que podemos dar del fenómeno. Así, hay que asumir la parte de verdad que hay en los postulados que afirman que el derecho es en gran parte el resultado de la actividad de los operadores jurídicos. Sin embargo, esta afirmación (que aclara y promueve el razonamiento práctico envolviendo una nueva dimensión), no es contraria al modelo *constitucional* recién citado. Es más, en el fondo refuerza una de las ideas fundamentales que debemos sostener a lo largo de todo el escrito, a saber: que tanto la ley influye en la moral, condicionando y conformando las actitudes individuales y las pautas sociales de comportamiento, como lo contrario, es decir que es posible influir en la creación del derecho, a partir de tales formas de comportamiento.

g) El modelo que analiza cómo los jueces toman decisiones, en definitiva establece con claridad que también se encuentra presente la componente valorativa y los principios morales en las manifestaciones de los operadores jurídicos. Lo cual permite ratificar nuestra idea principal, y apostar por la negación de la existencia de una nítida separación entre derecho y moral.

Establecidos así unos mínimos acerca de la noción de derecho, que pueden servir para una comunicación adecuada, la segunda cuestión, que se aborda en los siguientes capítulos, pretende dar cuenta de cuál es la realidad de **la creación y aplicación del derecho** en el sistema jurídico-político español y de forma concreta en el último sexenio. Se trata de evaluar, si el concreto modo de funcionamiento del engranaje legislativo español, permite afirmar que el sistema favorece una mayor aceptación y respeto de los acuerdos constitucionales originarios a través del uso adecuado de las reglas de cambio, o si bien, por el contrario, se realiza el riesgo permanente de que las estructuras de poder puedan prescindir de la aceptación de muchos, porque existen recursos suficientes en determinados reductos fácticos, autosuficientes para permitir ampliar el límite de la facultad legislativa, incluso arriesgando la violación de los instrumentos ideados para garantizar el funcionamiento de un estado democrático y de derecho.

No es posible concluir este capítulo, sin hacer referencia directa a los problemas inherentes a la *creación* y a la *aplicación* del derecho. No cabe duda que la afirmación sobre la regularidad en el ejercicio de las funciones del Estado, que son esencialmente jurídicas, pasa por aclarar en qué ocasiones se *crea* derecho y en qué ocasiones se está *aplicando* el derecho creado. Tradicionalmente se ha entendido que en las actuaciones estatales se dan dos tipos de actos: **actos de creación** de derecho es decir de normas jurídicas, y **actos de ejecución** del derecho creado. Esta idea puede hacer suponer que la creación del derecho se opone a su aplicación, puesto que ésta última sería simplemente una *reproducción* del derecho creado. Esta problemática fue abordada (entre otros), por KELSEN, que atribuyendo un carácter relativo tanto a la creación como a la aplicación del derecho, llega en cierto modo a identificarlos, planteando como consecuencia, una paradoja: mientras que la justificación jurídica de los actos de ejecución es una cuestión que ha sido frecuentemente abordada y respondida, la justificación jurídica de los actos de creación de derecho, al referirse a una Constitución previa, supone una petición de principio, porque la regulación de la tarea legislativa, en realidad pretende hacerse desde un patrón que también ha sido creado por el propio objeto que pretende regularse.(KELSEN, 2001, págs. 11-33).

De las fundamentales ideas planteadas por KELSEN en su obra, sólo haremos referencia a dos cuestiones fundamentales:

a) **La relativa identidad entre creación y aplicación del derecho.** Para el autor, las funciones estatales reunidas bajo el nombre de ejecución del derecho: *la jurisdicción* y *la administración*, parecen presentarse comúnmente como *actos externos* al derecho, limitándose a reproducir el derecho que se completa con la tarea

45

legislativa. Es como si se admitiera que la ley comprende todo el derecho. Se trata de una apariencia, dado que ejecución y legislación, no se oponen, sino que son dos etapas jerarquizadas y coordinadas de la función estatal de creación y a la vez aplicación. Reduciendo el objeto a las funciones intraestatales, «*Constitución, ley, reglamento, acto administrativo y sentencia, y acto de ejecución, son simplemente los estadios típicos de la formación de la voluntad colectiva en el Estado moderno*»(KELSEN, 2001, pág. 12). La idea es que si la Constitución regula el modo de creación y el contenido preciso de las leyes, éstas no serían más que mera aplicación del derecho frente a aquella. Ahora bien, cuando se afronta el significado práctico de los reglamentos o de los actos subordinados a la ley, la ley sería creación de derecho para estos que, a su vez, reproducirían el derecho creado por la ley.

Si el legislador está condicionado sólo por la Constitución, el límite al poder legislativo es relativamente débil, y a medida que descendemos en la escala, las funciones estatales, tienen más carácter de mera aplicación o reproducción de derecho creado y menos carácter de libre creación de derecho.

Desde esta perspectiva, la necesidad de una garantía de legalidad —evidente en los actos individuales—, es igualmente exigible, en la realización de reglamentos (que deberán cumplir con lo previsto en las leyes) y así mismo, en la de las propias leyes, que deberán adaptarse a los preceptos constitucionales. KELSEN apunta a un problema central: «*...si el derecho de los Estados modernos, que presenta cantidad de instituciones destinadas a asegurar la legalidad de la ejecución, no toma, por el contrario, sino medidas muy restringidas para asegurar la constitucionalidad de las leyes y la legalidad de los reglamentos obedece a motivos políticos.*»(KELSEN, 2001, pág. 15). En realidad, se proclama la necesidad de una *garantía de constitucionalidad de las leyes*, que tiene dos aspectos básicos: la *garantía de procedimiento* (el modo constitucional de creación del derecho), y *una garantía material*, puesto que las Constituciones modernas, toman su carácter esencial de la proclamación de derechos fundamentales del ciudadano[11].

b) **La garantía jurisdiccional de la Constitución.** Parecería absurdo confiar el test de constitucionalidad de la ley, que pasa por la posibilidad de su anulación, a los mismos órganos que la han creado. Por tanto, debe confiarse tal tarea a un órgano jurisdiccional sometido a la propia Constitución e independiente de los demás poderes. Lo cual abunda en la necesidad de separación de poderes en todo estado democrático. Se trata de un órgano legislativo, puesto que tiene la capacidad de anular leyes, pero sólo como consecuencia de aplicar criterios constitucionales. En resumen, la garantía de constitucionalidad, debe alcanzar a la posibilidad de anulación de aquellos actos que sean contrarios a la Constitución vigente. Esta capacidad de anulación, en lo que se refiere a actos generales y leyes, sólo debería proceder dentro de un prudente plazo prefijado, a partir de la entrada en vigor de aquellos. Sería catastrófico (algo que ha sucedido en nuestro país, con decisiones legislativas como la Ley Orgánica de aprobación del nuevo Estatuto de Cataluña y probablemente, con la ley que equipara la unión homosexual al matrimonio), que después de excesivos años de aplicación de una norma, se dictara su anulación. Téngase en cuenta que la seguridad jurídica debe impedir que la anulación tenga carácter retroactivo.

Este esquema de garantías básicas no puede funcionar en la

---

11 Si bien de forma directa es cierto que la garantía de constitucionalidad afecta «*prima facie*» a la ley, no menos cierto es que existen mecanismos de control que afectan a actos de inferior jerarquía.

medida en que el propio órgano de garantías, carezca de la necesaria independencia, y actúe, cual es el caso de las primeras monarquías constitucionales, inspirado por concretas ideologías o intereses espurios del momento. Este peligro puede advertirse en los sistemas en que el propio órgano constitucional, se constituye por decisión del mismo órgano legislativo, aún pudiendo recurrirse al refrendo popular.

II. ¿ESTADO DEMOCRÁTICO-SOCIAL DE DERECHO?

A todos nos resulta familiar hablar del término *democracia*. Tenemos una intuición básica sobre esa idea, sólo sea por fuerza de oírla permanentemente. Esta intuición surge de la apreciación práctica de **la necesidad** de encontrar modos de actuación y funcionamiento en los grupos sociales compatibles con una convivencia justa y pacífica. (También en la creación de la estructura propia de las instituciones que de igual manera regulan la actividad de los grupos sociales). En ambos casos se exige, **prever y permitir en pié de igualdad, la participación y la integración de todos y cada uno los miembros de los colectivos, en uso de su libertad.** Cuando hablamos de instituciones o grupos sociales democráticos, pensamos usualmente en que las decisiones y las acciones se realizan de modo común, participativo, aunque, no deberíamos pensar que en la mayor parte de las veces sea necesario contar con la «*unanimidad*». La unanimidad, la uniformidad pacífica en las opiniones y las respuestas a las cuestiones o problemas suscitados en la acción, no son condiciones *imprescindibles* de los modos democráticos. Más aún, se puede decir que la falta de uniformidad, la discrepancia, el diálogo, la confrontación, la puesta en duda de las soluciones vinculantes propuestas por cualquier persona, sí que son hechos a los que debe responder adecuadamente un modo de proceder democrático. Porque tales decisiones no representan toda la verdad ni toda la razón. Si no existieran apreciaciones diferentes de la realidad, si todo fuera aquiescencia general —principalmente ante las decisiones que involucran a los colectivos en su globalidad—, deberíamos estar seguros que la democracia sería superflua e innecesaria. Ahora bien, cuando la aquiescencia insincera y fingida se produce, (a menudo con la presencia de intereses poco confesables), es que nos encontramos ante posiciones autoritarias que abusan de un poder ilegítimo que ha sido usurpado. Esto es cierto, aunque se intenten justificar porque se han usado adecuadamente las *reglas de cambio*, porque estos modos de proceder, se convierten en instrumentos del poder de unos pocos. El lector debe reconocer una situación como ésta, cuando en el Congreso de los Diputados, se aprueba una Ley por «mayoría suficiente», gracias a los votos de uno de los partidos minoritarios, que sin estar de acuerdo con ella, obtiene algún beneficio «político» del Gobierno que tiene su propio interés en la iniciativa legislativa. Beneficio «político» que no está contemplado en las promesas que el partido voluntariamente manipulado hizo a su electorado, por más que en realidad su sumisión fuera imprescindible para hacer viable el acto con su voto minoritario. Es un caso de aquiescencia consciente, interesada y contraria a los principios democráticos, puesto que no se ejerce lealmente el papel pluralista y libre que requiere el ejercicio de la democracia, ni mucho menos se cumple «el mandato» de aquellos a quienes se representa. La existencia de hechos aislados de esta naturaleza, aunque fueran repetidos, no es bastante para afirmar que un Estado no es democrático. La suficiencia surge cuando de la propia naturaleza de las decisiones irregularmente tomadas, se deduce una trascendencia que se opone a los valores últimos de la sociedad o porque los mecanismos de garantía previstos en el propio ordenamiento no resultan eficaces, permitiendo reiteradamente la incursión en decisiones contrarias a estos valores, que quedan consolidadas.

Pero volvamos al asunto de la uniformidad y el acuerdo permanente. Si eso fuera constante, estaríamos condenados al estancamiento, a la inmovilidad, y no ya sólo en lo que concierne al crecimiento de la sociedad humana, sino radicalmente en lo que se refiere a la limitación del conocimiento y del desarrollo, tanto personal como del propio género humano. Paradójicamente, la recepción sincera, pacífica y no coactiva de la diversidad que, con mayores o menores tensiones, se presenta en la vida de los pueblos, aparenta ser el origen de los problemas de convivencia y gobierno. Más en realidad, es rasgo principal de la democracia, lo que permite reconocer su funcionamiento. La naturaleza y carácter del acogimiento y el protagonismo de la diversidad, permitirá evaluar cuando estamos en presencia de fenómenos democráticos. La democracia uno de los términos *gastados por el uso*, tiene infinidad de acepciones que implica a menudo usos coloquiales del lenguaje, ideologías predeterminadas y contradictorias, y en definitiva una ambigüedad que impide asumir con claridad el propio concepto. Y es que el término *democracia*, y otros relacionados (*demócrata, democrático*), han venido a usarse de manera habitual para referirse a realidades muy diferentes, incluso contradictorias. Algunas de estas realidades de las que se afirma su carácter democrático, permiten ser tachadas de lo contrario por no respetar un auténtico pluralismo ni el principio de igualdad. Estos usos deben ser calificados de incorrectos o confusos, en cuanto parten de aplicaciones, poco apropiadas del lenguaje, a realidades que nada tienen que ver con la idea de democracia.

Aún hoy, se conservan en determinados estados nacionales los títulos de «República Democrática», «República Popular Democrática», etc., así en países como el Congo, Corea del Norte, Albania, Somalia, etc., pretendiendo aludir a la inexistencia de monarquía y a que el que ostenta el poder se le elige por «votación», independientemente de que sean estados autoritarios que no contemplan el reconocimiento de los derechos humanos más elementales. Es como si permitir el sufragio en intervalos de unos años fuera la garantía suficiente para asegurar la actividad democrática en la convivencia y en el funcionamiento del Estado. Fenómeno que puede reproducirse en las democracias occidentales.

A LA BÚSQUEDA DEL CONCEPTO DE «*ESTADO DEMOCRÁTICO*»

La amplitud en el uso del concepto «democracia», que desde luego no favorece la comprensión del sentido que aquí queremos dar al mismo, se produce en innumerables casos con el uso de expresiones como: *democracia burguesa, democracia liberal, democracia popular, democracia directa, democracia representativa, democracia censitaria, democracia cristiana,* o incluso, se puede recordar el uso no muy lejano en el tiempo, de *democracia orgánica.* Detrás de muchos de estos ejemplos nos encontramos habitualmente con realidades que de partida, o son opuestas a la democracia, o no permiten reconocer el contenido mínimo del concepto.

Afrontar una definición clara de democracia, es una tarea semejante —y por tanto tan compleja—, como la de averiguar *el concepto de derecho* que abordamos en el capítulo anterior. Parece preferible, no esforzarse en encontrar un concepto común y aceptado, optando mejor por buscar caracteres propios de los hechos que históricamente se han relacionado con un modo de ser y actuar democrático.

La democracia no supone un estado concluso de las cosas, sino más bien una realidad dinámica en permanente construcción y descubrimiento. Desde esta idea, se puede reconocer que el origen de las sociedades democráticas se identifique con la desaparición de sistemas previos de naturaleza monárquica absolutista u oligárquica. Buen ejemplo de ello, es la Revolución de 1789. Esta es una primera característica común a la mayor parte de los procesos de evolución de los estados hacia sistemas democráticos. Pero no es la única característica común, pues tanto de nuestra intuición básica de la democracia como de los principios proclamados en la Revolución Francesa de 1789, se desprende que la base y fundamento de la democracia es la afirmación de **los derechos humanos fundamentales**: probablemente por eso, intuimos las condiciones de **igualdad** y **libertad** en nuestra impresión inicial.

Libertad: porque exige acogimiento de lo diverso permitiendo a cada uno acercar lo *que se es* a lo que *se quiere ser*. La caída de la monarquía absoluta se produce cuando se dan cabida a realidades sociales y culturales diversas —frente al centralismo territorial— reconociendo su legítimo derecho a ser fieles a su historia y tradición. La afirmación de la libertad personal pasa el reconocimiento del derecho a identificarse con una cultura, una nación o una religión particular.

Igualdad: porque la cultura democrática no existe sin la igualdad. Pero no cabe cerrar los ojos ante el hecho de que la destrucción de los sistemas jerarquizados, da lugar a un notable individualismo que puede favorecer la aparición de sistemas autoritarios. Sistemas que ciegamente exigen la homogeneización. Sólo la igualdad que significa derecho a escoger y gobernar la propia existencia, es democrática.

De la idea de que el fundamento de la democracia sea la proclamación de derechos fundamentales (como la libertad y la igualdad), pudiera seguirse que la condición suficiente para el reconocimiento de un régimen democrático sea la existencia de una Constitución. Constitución que proclamando dichos derechos fundamentales del hombre, imponga una limitación al poder, cuya efectividad requiere de la *separación de poderes*. Así, la vigente *Declaración de los Derechos del Hombre y del Ciudadano, de 26 de agosto de 1789*, proclama:

«Toda sociedad en la que la garantía de los derechos no esté asegurada, ni la separación de poderes determinada, carece de constitución»
Art. 16

Por este motivo, cuando en un estado se conforma un sistema jurídico que garantiza el ejercicio de derechos fundamentales previendo la separación de poderes, se dice que es un *«Estado de Derecho»*. Sin embargo históricamente se ha puesto de manifiesto, que «estados liberales», caracterizados por garantizar el ejercicio de los derechos individuales como derechos de libertad frente al Estado, no han alcanzado niveles democráticos aceptables. Sólo cabe concluir que la mera presencia de un Estado de derecho, no asegura un régimen democrático. Y ello es así, aunque en la práctica se diga que durante el siglo XIX en Europa, aparecen los primeros *«estados liberales democráticos»*, con ocasión de introducirse *el sufragio universal* y *el derecho de asociación*. Es que en aquellos estados, la norma suprema era la ley, no la Constitución. Así por ejemplo, la introducción del sufragio femenino —que completa el derecho constitucional de Sufragio Universal—, es resultado de una previa ley, que es su vez consecuencia de la presión social, como sucedió en la transición desde el sufragio censitario, al eliminarse las restricciones por imposición de determinados límites para el ejercicio del derecho de sufragio.

Por otro lado, desde el advenimiento de los primeros estados liberales, hubo que esperar hasta que se produjo la Revolución soviética de 1917, para que en Europa occidental y como reacción, se promulgara una Constitución que introducía el concepto de *«Estado social»*: la Constitución alemana de Weimar de 1919, finalizada la Primera Gran Guerra (1914-1918). El Estado social se caracteriza por recoger derechos sociales, económicos y culturales en la propia

Constitución, a la vez que determina la intervención del Estado en la economía y la propiedad privada, en un intento de realzar una **deseada e infrecuente igualdad** frente a **la libertad individual**. El influjo de la tradición socialista en Europa, con la intervención del Estado en los ámbitos individuales y colectivos, viene a añadir un segundo papel esencial a los derechos fundamentales, que no sólo van a mantener su papel limitador del ejercicio del poder, sino que adquirirán un papel objetivo de promoción de los valores constitucionales. Así por ejemplo, en la Sentencia del Tribunal Constitucional 25/1981, de 14 de julio de 1981, en su Fundamento Jurídico 5, se dice:

> *«Ello resulta lógicamente del doble carácter que tienen los derechos fundamentales. En primer lugar, los derechos fundamentales son derechos subjetivos, derechos de los individuos no sólo en cuanto derechos de los ciudadanos en sentido estricto, sino en cuanto garantizan un status jurídico o la libertad en un ámbito de la existencia. Pero al propio tiempo, son elementos esenciales de un ordenamiento objetivo de la comunidad nacional, en cuanto ésta se configura como marco de una convivencia humana justa y pacífica, plasmada históricamente en el Estado de Derecho, y más tarde, en el Estado social de Derecho o el Estado social y democrático de Derecho, según la fórmula de nuestra Constitución (Art. 1.1)» (STC 25/1981)*

A la luz de esta rápida visita al origen y evolución de los conceptos de Estado de derecho y Estado social, y por mucho que el calificativo de «democrático» haya sido profusamente utilizado, queda patente que si bien, tanto el concepto de «Estado de derecho», como el de «Estado social», tienen una caracterización clara en las Constituciones, queda difuso el concepto de «Estado democrático». Baste para ello, ver en el texto citado del Tribunal Constitucional español, la introducción de aquellos conceptos desde la propia lógica de la Constitución, pero también la omisión directa del origen del concepto de Estado democrático, que sin embargo se introduce como algo natural en el texto. En todo caso, sí parece concluyente el hecho de que, al igual que puede existir un Estado de derecho y liberal, sin que tenga carácter de Estado social, también podemos encontrarnos en presencia de un Estado social de derecho, que sin embargo no merezca el calificativo de democrático. He aquí la razón de la incógnita que plantea el título del presente capítulo: ¿Estado democrático-social de derecho? Hemos conseguido aclarar en cierto modo el origen y significado de los conceptos de Estado social y Estado de derecho, como realidades necesarias en un Estado democrático, pero desde luego no suficientes. Esto implica reconocer que la democracia impone algún requisito añadido sobre el que es necesario profundizar tanto desde un punto de visto de análisis de la realidad, como desde el punto de vista teórico o ideal.

LA REALIDAD DEL SISTEMA DEMOCRÁTICO

La democracia es un modelo de organización política cuya forma económica asume la economía de mercado, y como forma cultural impone la secularización. Dentro de los rasgos de la organización política sobresale la necesidad de un Estado social y de derecho, además de cumplir con el requisito de elección libre de los gobernantes por los ciudadanos. Sin tal participación mínima, no puede hablarse de democracia. Esto significa que la democracia debe influir en toda actividad ciudadana, no sólo en los aspectos puramente políticos, sino también económicos y culturales. Esto dificulta su entendimiento cuando se pretende abordar desde la óptica puramente política. Se ha dado una definición de la misma a través de tres principios constitutivos (BOBBIO, El futuro de la democracia, 1985):

1. La existencia de un conjunto de reglas primarias que establecen quién está autorizado a tomar las decisiones y los procedimientos necesarios para ello junto con la previsión de **alternativas reales, respeto a la regla de la mayoría** y **un modo de representación.**
2. La sustitución de una visión orgánica de la sociedad, por la suma de voluntades individuales cohesionadas por una idea de contrato, buscando la felicidad para el mayor número.
3. La democracia nunca se da en estado de perfección: hay tanta más democracia, cuanto mayor es el número de personas que **participa** en la toma de decisiones.

El mismo autor, se ocupa de poner en evidencia que la realidad política desfigura estos principios: el peso creciente de las grandes organizaciones, partidos políticos y sindicatos que debilitan el papel de la «soberanía popular»; los intereses individuales de los más poderosos que evitan el interés y la voluntad general, favoreciendo el mantenimiento de las oligarquías; la escasez de medios democráticos en la vida social; la carencia de alternativas que amplíen el espectro de los partidos; la constitución de un gobierno de técnicos y aparatos escondidos en más aparentes que reales formas democráticas; y **el secreto**, por definición contrario a la democracia. El resultado, ha sido la disminución de las reivindicaciones sociales y la participación ciudadana, y su confinamiento al ámbito extrajurídico y extraparlamentario.

En definitiva no es posible identificar democracia con garantías institucionales, ni siquiera cuando vienen acompañadas de un Estado interventor que supuestamente vela por la socialización de la cultura y la economía.

No cabe excluir a la nación española de este desvanecimiento de los originales ideales democráticos. Asistimos con demasiada frecuencia —tal y como puede constatarse, por ejemplo, en los acuerdos parlamentarios de Octubre de 2010, entre el PSOE, el PNV y Coalición Canaria para conseguir la aprobación de la Ley de Presupuestos para 2011 (AGENCIA EUROPA-PRESS, 18-10-2010)[12] — a la reducción del sistema a un «mercadeo político». Mercado de transacciones entre las oligarquías que en definitiva ostentan el poder. La presión mediática, la de los recursos de la Prensa y las Comunicaciones, propiedad de unos cuantos «lobbies», lejos de contribuir a esclarecer e informar limpiamente sobre los acontecimientos, se radicaliza y parcializa a favor de los amos de los recursos. Cada vez más el pueblo se va alejando de una cultura realmente democrática, dejándose en manos de ideologías parciales y de intereses particulares, nada menos, que el poder de decisión. Mientras la representación institucional, marcada por el cuatrienal y vacilante voto, permite reconocer unas cotas de participación política claramente insuficientes.

Queda aclarado por tanto que la democracia puramente *procedimental* (como sistema de elección de los gobiernos a través de la regla de la mayoría), no garantiza la realización de los valores propios

---

12 El día 18-10-2010, como resultado de las conversaciones mantenidas con el Partido Nacionalista Vasco y Coalición Canaria, el Gobierno español se aseguró la aprobación de los Presupuestos Generales del Estado antes del 31-12-2010 y con ella «la estabilidad económica, política e institucional» hasta finales del 2011. Los acuerdos se han mantenido parcialmente en secreto en cuanto a su contenido. Sí se ha indicado que a cambio se ceden 20 nuevas competencias al País Vasco, excluyendo aquellas que afecten a las prisiones y a la caja única de la Seguridad Social, entre ellas: las políticas activas de empleo (427 millones de euros), las políticas de formación del Instituto Social de la Marina, el transporte marítimo dentro de la Comunidad Autónoma Vasca, el turismo, las agencias de viaje y los profesores de religión. Para Coalición Canaria, se ceden las aguas interinsulares que recibirán el nombre de aguas canarias, las políticas activas de empleo incluyendo las bonificaciones de cuotas a la Seguridad Social, la transferencia de la Inspección de Trabajo y la promesa de un nuevo Estatuto de Autonomía

democráticos, ni la separación de poderes, ni el respeto a las minorías. De hecho en ciertas circunstancias, es perfectamente posible que una mayoría pueda reinventar las reglas constitucionales y producir leyes, que en la práctica supongan la abolición de la separación de poderes y la violación de derechos fundamentales. La lógica del «mayor número» se utiliza frecuentemente como «legitimación» para establecer una tiranía mayoritaria.

Todo apunta a la existencia de una crisis democrática, advertida en la dificultad de realizar ideales democráticos.

Una explicación plausible pudiera encontrarse en «*la paradoja de ARROW*»(ARROW, 1950), que pone en evidencia una contradicción interna en el sistema democrático. Según ARROW, cuando un grupo de personas afrontan la tarea de elegir por votación entre tres o más alternativas, no es posible encontrar un sistema de elección que permita generalizar las preferencias individuales hacia la preferencia global del grupo, siempre que sea exigido el cumplimiento de ciertos requisitos racionales. Esto supone necesariamente, que la decisión final debe ser impuesta, o dicho de otra forma que no es posible pasar de las preferencias individuales a las colectivas de modo democrático. Desde este punto de vista, las decisiones (de acuerdo con las posiciones políticas clásicas), se toman siempre de un modo autoritario o jerárquico.

Por otro lado y en íntima relación con esta crisis democrática, se encuentra otro fenómeno contrario a la democracia puesto de manifiesto por MICHELS y conocido como *Ley de Hierro de la oligarquía* (MICHELS, 2010). La Ley de Hierro, pone de manifiesto que con el crecimiento de los grandes partidos se tiende a una profesionalización de los políticos que ocuparán puestos clave de la organización. Estas élites llegan a influir de tal forma que sustituyen los principios ideológicos básicos del partido, por sus intereses personales. Como consecuencia de este fenómeno, los políticos profesionales pertenecientes a las élites de los diferentes partidos, tenderán a compartir intereses, favoreciendo un régimen parlamentario oligárquico. Más aún, esta corriente alcanza a otros ámbitos comunitarios como la Universidad, los medios de comunicación, la administración pública, etc., favoreciendo la aparición de la corrupción y el desencanto de las bases.

Estos hechos nos permiten decir que la *democracia* como tal no se da como fenómeno práctico o como estado real de las cosas, sino más bien que los impulsos tienden a promover procesos democráticos dinámicos y permanentes, que en el fondo suponen un cambio en las relaciones de poder. Una reorganización para volver a compartir la autoridad monopolizada por los grupos oligárquicos.

RECURSOS CIUDADANOS EN LOS PROCESOS DEMOCRÁTICOS

Siendo fieles a nuestra idea de no caer en la tentación de la crítica estéril y huyendo de quedarnos en meros lamentos de lo mal que van las cosas, debemos hacer el esfuerzo de extraer de la hechos sociales relevantes, aquellos aspectos que pudieran conducir a procesos permanentes democráticos que permitan un crecimiento social, cultural y político de los miembros de la colectividad.

No cabe la menor duda que la existencia de un Estado social de derecho limita el poder arbitrario del Estado y permite definir las reglas del juego en un coherente sistema jurídico, imprescindible en todo proceso democrático. Pero tras esta figura se encuentra sin duda aquello que promueve y permite el propio proceso democratizador, que no es otra cosa que la idea de *soberanía popular.* Como hemos podido constatar el Estado social de derecho, puede oponerse o favorecer los procesos democratizadores, por lo que aquella soberanía popular tiene un papel trascendente. El ejercicio de la soberanía popular supone, en el origen del Estado social de derecho, el paso de una voluntad general compartida a una voluntad mayoritaria, de modo que la inexistencia de unanimidad permitirá el debate y la aparición de las minorías. Llegados a esta situación, el proceso democrático sólo se sostendrá, si la soberanía popular se mantiene de forma permanente en oposición frontal al poder establecido, sea cual sea su signo. En la misma medida que la estrategia de eliminación de las minorías, marcada por un proceso normalizador tendente a la homogeneidad conduce al autoritarismo, la existencia del debate, del conflicto entre actores sociales, se convierte en el más firme apoyo del proceso democrático.

Hoy no es posible confinar el proceso democrático a instituciones más o menos garantes de una constitución y de la tutela jurídica, por mucho que sean elementos procedimentales necesarios. Es imprescindible recurrir a un modo de acción que, impidiendo el control de los individuos y de los grupos por parte de las oligarquías que detentan el poder económico y el poder social, conduzca a una liberación radical de éstas lógicas del poder. Esto supone un cambio cualitativo esencial, pasar de una democracia de la mera participación, ya en sí misma imprescindible, a un democracia de la liberación. Hay que asegurar que los gobiernos no impongan sus concepciones sobre lo bueno y lo malo, que cada uno pueda expresar y formar sus opiniones y demandas de forma libre y protegida, llegando a forzar que los representantes inevitables tengan en cuenta en la mayor profundidad posible esas demandas y opiniones. Se trata de una afirmación rotunda de la libertad que permita recrear y reconstruir al sujeto, sea individual o colectivo, como parte del todo y generador del cambio permitiendo la diversidad. Es una llamada a la acción racional que requiere del auxilio del razonamiento científico y del uso del juicio crítico, previa aceptación de unas reglas generales que dejen a salvo la libertad individual.

III. UN ANÁLISIS CRÍTICO DE LAS LEGISLATURAS ESPAÑOLAS VIIIª Y IXª

El título de esta parte puede sugerir al lector que se pretende realizar un análisis exhaustivo de la legislación promulgada en el sexenio 2004-2010. Nada más lejos de lo que se pretende. Se trata de analizar con cierto detalle, sólo algunas de las leyes promulgadas por el Congreso de los Diputados en ese periodo. Pero no es ésta limitación cuantitativa la única que existe, sino que el análisis pretende ceñirse al estudio crítico de su repercusión en el proceso democrático español. Ya se puede anticipar, que se encontrarán consecuencias de la legislación que pueden ser actualmente verificadas, pero otras, serán meramente apuntadas a modo de simple preaviso, debiendo el lector sacar sus propias consecuencias respecto al futuro.

La selección de la legislación objeto del análisis no ha sido aleatoria. Se ha intentado entresacar del enorme «bosque» normativo, aquellas leyes que han supuesto un cierto grado de ruptura con principios generalmente vividos y aceptados por gran parte del pueblo español, o que pudieran ser contrarias a principios constitucionales. En este sentido no se realizará un recorrido exhaustivo por cada precepto, sino que más bien se analizarán las Exposiciones de Motivos y algunos artículos significativos de las normas. Se seguirá un criterio cronológico, dividiendo el análisis en periodos anuales.

En el Anexo I, se muestra cada una de las leyes promulgadas en el sexenio, clasificadas por materia y por su rango. En el Anexo II, aquellas que serán objeto de comentario en este capítulo, incluyendo los incidentes judiciales o constitucionales a que han dado lugar, y aquellas decisiones de los Tribunales que al afectarlas, tienen relevancia.

Es de interés destacar que el análisis de cada una de las normas incluidas, en ocasiones hace referencia a los dictámenes del Consejo de Estado y a los informes del Consejo General del Poder Judicial respecto a los Anteproyectos de Leyes que les fueron presentados a esas instituciones. En aquellos casos en los que proceda, también se hará referencia a las decisiones judiciales, tanto de los Tribunales Ordinarios, como del Tribunal Constitucional.

El recurso a las Sentencias de los Tribunales no necesita de justificación, pero podría ser útil recordar la naturaleza y funcionalidad del Consejo de Estado y del Consejo General del Poder Judicial para aclarar por qué los informes y dictámenes emanados de estos órganos, tienen importancia:

EL CONSEJO DE ESTADO[13]

El artículo 107 de la Constitución Española atribuye al Consejo de Estado el carácter de supremo órgano consultivo del Gobierno, cuya composición y competencia se regularán mediante una Ley Orgánica[14]. A este fin emite dictámenes a petición de autoridades con facultad de consulta, sobre las cuestiones que se le planteen, expresando su criterio sobre las mismas. Las autoridades consultantes son: el Presidente del Gobierno, los Ministros y los Presidentes de las Comu-

---

13 Para una explicación más detallada de la historia, naturaleza y funciones del Consejo de Estado puede acceder a la página Web: http://consejo-estado.es.

14 La normas reguladoras esenciales son la Ley Orgánica 3/1980, de 22 de abril, del Consejo de Estado y el Real Decreto 1674/1980, de 18 de julio, que aprueba el Reglamento Orgánico del Consejo de Estado.

nidades Autónomas. Las consultas pueden ser preceptivas o facultativas. Las primeras (preceptivas, obligatorias para ciertos órganos), deben ser así dispuestas por una norma con carácter de Ley o en la propia Ley Orgánica del Consejo de Estado. Son facultativas, el resto de las consultas. En ningún caso, el dictamen emitido por el Consejo de Estado, vincula a la autoridad consultante, pudiendo apartarse del mismo o declarar su conformidad, en ambos casos, por medio de una resolución. Esta resolución, debe ser tomada por el Consejo de Ministros si la consulta es preceptiva, y la autoridad consultante pretende apartarse del contenido del dictamen.

EL CONSEJO GENERAL DEL PODER JUDICIAL[15]

El apartado 2 del artículo 122 de la Constitución Española atribuye al Consejo de Poder Judicial el carácter de órgano de Gobierno del mismo, regulándose su actividad por medio de una Ley Orgánica, pues su composición está prevista en la propia norma constitucional.[16]

Pese a ello, no participa de la función judicial, sino que es el órgano de Gobierno de los Jueces y Tribunales, velando esencialmente por su independencia. El propio Consejo, es un órgano constitucional independiente que se encuentra en paridad con el Gobierno, el Congreso del los Diputados, el Senado y el Tribunal Constitucional. Entre sus funciones —definidas en los artículos 107 y 108 de la Ley del Poder Judicial—, se encuentra la de informar sobre el análisis de los Anteproyectos de leyes, y disposiciones generales del Estado y las Comunidades Autónomas, cuando afecten, entre otras a las siguientes materias: fijación o modificación de las plantillas de jueces o demar-

---

15 Puede visitar el sitio Web http://poderjudicial.es para una más detallada información.
16 Ley Orgánica 6/1985, de 1 de Julio, del Poder Judicial, Libro II.

caciones judiciales, normas procesales o cualesquiera otras que afecten a la tutela de los tribunales respecto de derechos fundamentales y normas penales o relativas al Régimen Penitenciario. En todo caso el Gobierno deberá remitir los informes del Consejo sobre anteproyectos de Leyes, al Congreso de los Diputados.

Año 2004 (Marzo a Diciembre)
LEY ORGÁNICA 1/2004, DE 28 DE DICIEMBRE, DE MEDIDAS DE PROTECCIÓN INTEGRAL CONTRA LA VIOLENCIA DE GÉNERO

Tal y como se deduce de la Exposición de Motivos de la Ley, el Gobierno tiene la encomiable intención de asegurar que los poderes públicos se impliquen en la lucha contra la lacra social que suponen los actos de violencia sobre la mujer y precisamente, con fundamento en la necesidad de hacer reales y efectivos los derechos a la libertad, la igualdad y la no discriminación, promoviendo a su decir, la igualdad de la mujer de acuerdo al artículo 9.2 de la Constitución.

Siguiendo recomendaciones de diversos órganos internacionales, pretende una regulación global que abarque aspectos preventivos de naturaleza educativa, social, asistencial, y sin olvidar la tutela penal y judicial. El resultado es la afectación de un importante número de leyes: Ley Orgánica de Ordenación General del Sistema Educativo, la Ley Orgánica Reguladora del Derecho a la Educación, la Ley Orgánica de Calidad de Educación, la Ley General de Publicidad, el Estatuto de los Trabajadores, la Ley General de la Seguridad Social, la Ley de Medidas para la Reforma de la Función Pública, la Ley Orgánica del Poder Judicial, el Estatuto Orgánico del Ministerio Fiscal, el Código Penal, la Ley de Planta y Demarcación Judicial y la Ley de Enjuiciamiento Civil.

Esta pretensión de globalidad, omite toda consideración acerca de las leyes previas, que ya habían abierto de hecho un panorama normativo de protección integral contra la violencia doméstica. Por ello, como resalta el informe del CGPJ(Consejo General del Poder Judicial, 2004), desde un punto de vista lógico, la nueva ley debería haber tenido un valor refundidor o codificador, que lejos de dispersar la normativa existente hubiera evitado solapamientos o interferencias[17]. Por otro lado, la pretendida integridad se difumina cuando la Ley se reduce a tratar el fenómeno de violencia sobre la mujer, obviando el fenómeno general de violencia doméstica y excluyendo de forma práctica a hombres, ancianos y menores. La Ley, reduce el concepto de violencia doméstica al de «violencia de género», y dentro de éste, a los casos en que la víctima sea del sexo femenino. El marco vigente hasta entonces, había puesto de manifiesto varios tipos de violencia doméstica: la violencia de género, la violencia sobre ancianos, la violencia sobre menores, la de menores contra sus ascendientes y la violencia entre hermanos. Es cierto que la estadística muestra en el año 2003, que desde el punto de vista de la incidencia en los procedimientos judiciales, el mayor número corresponde a procesos relacionados con la violencia sobre la mujer (91,1 %), pero no es menos cierta la existencia de violencia sobre los hombres (8,9 %), ascendientes y menores(Consejo General del Poder Judicial, 2004).

---

17 Para demostrar la existencia de tal tratamiento integral previo, citar algunas leyes promulgadas en Legislaturas anteriores: Ley Orgánica 11/2003, de 29 de septiembre, de medidas concretas en materia de seguridad ciudadana, violencia doméstica, e integración social de los extranjeros; Ley Orgánica 15/2003, de 25 de noviembre, por la que se modifica el Código Penal; Ley 27/2003, de 31 de Julio, reguladora de la Orden de Protección de la víctimas de la violencia doméstica; Ley 53/2002, de 30 de diciembre y 62/2003, de 30 de diciembre, de medidas fiscales administrativas y de orden social; Ley Orgánica 14/2003, de 20 de noviembre, de reforma de la Ley sobre derechos y libertades de los extranjeros en España y su integración social. Ello sin contar aquellas disposiciones propias de las Comunidades Autónomas.

Se trata de la imposición parcial y poco justificada de una reducción del ámbito propio de la protección frente a los actos de violencia sobre las personas en determinadas circunstancias. La violencia representa un estadio superior a la mera agresión esporádica, pues supone una relación permanente de subordinación o dominación de la víctima respecto del agresor. El derecho penal ha venido reconociendo estas situaciones desde antaño, como lo prueba el superior grado de reproche de la conducta, en los actos en los que existe superioridad manifiesta del agresor. Pero la dominación, requisito del fenómeno de la violencia, no es aplicable exclusivamente a la relación hombre/mujer y en un solo sentido. Es decir, no es posible racionalmente entender que de las diversas formas de violencia ejercida por unas personas sobre otras, sólo es digna de protección aquella que se ejerce desde el hombre hacia la mujer. Esta concepción sólo podría aceptarse si se piensa que, por el mero hecho de que una persona sea varón en una situación histórica dada, de forma automática dominará y someterá a la mujer. Esta suposición, si se tiene en cuenta la lacra que supone cualquier situación de dominación, llevaría a concluir que todos los varones, por el hecho de serlo, son miembros de segunda categoría en la sociedad. No serían sujetos del reconocimiento social de su capacidad de ser personas, de decidir con su propia libertad y racionalidad. Los hechos, sin embargo, muestran que existen casos de dominación de la mujer hacia el varón, pero su tratamiento queda apartado de la protección legal de la norma. Simplemente, esta arbitraria suposición conduce a una aberrante discriminación del hombre por su sexo. Lo cual, en sí mismo, impide reducir las reacciones de protección y prevención frente a la dominación de un sujeto por otro, a uno de los sexos, como hace la Ley 1/2004.

La «judicialización» que la Ley realiza de algunas de las situaciones de violencia, —llegando a convertir faltas en delitos, cuando son cometidas por hombres—, supone auto-limitar la acción del Estado, entregando toda reacción positiva a manos del quehacer punitivo de Jueces y Tribunales. Parece que se olvida que los Tribunales de Justicia están principalmente encargados de proteger de estas situaciones a **las víctimas**, juzgando al presunto inocente previa denuncia e imputación de un acto delictivo, pero nunca anticipándose a su existencia. Esta apreciación, pone en evidencia la omisión por parte de los Poderes Públicos de un análisis del problema de la violencia, con suficiente profundidad para investigar y conocer con precisión sus causas y el modo de atajarla. Lo cual implicaría dejar a los Tribunales que actúen en su ámbito propio y observando el *principio de mínima intervención penal.*

El hecho de que la Ley deje fuera de su ámbito de protección a todos los sujetos que no son del sexo femenino — si es que se sustenta en que el número de situaciones de tal índole en las que la víctima es varón, es considerablemente inferior—, supone **un desprecio a las minorías**, signo inequívoco de las actuaciones antidemocráticas y dictatoriales. Si la Ley atiende en cuanto a su objeto, a las situaciones de dependencia, subordinación y dominación, no es de recibo que en su ámbito subjetivo se excluya a los varones. A no ser que se exacerben otras razones de índole ideológica. Esta influencia ideológica y no compartida suficientemente (más que por los colectivos feministas), se puede apreciar en la propia Exposición de Motivos, cuando se justifica la norma por medio de un criterio de «discriminación positiva», supuestamente basado en el artículo 9.2 de la Constitución Española. Cierto es que la noción de discriminación positiva (o *acción positiva* como se denomina en la Ley), implica, en algunas situaciones, dar ventajas a ciertos colectivos desfavorecidos, lo cual contribuiría a un mayor grado de igualdad. Pero, para evitar actuaciones de signo contrario, deben cuidarse de forma especial dos condiciones: por un lado, que dicha discriminación positiva, planteada desde la necesidad de garantizar la igualdad de oportunidades, no genere perjuicios directos a otros colectivos, y en segundo lugar, puesto que se trata de remediar una situación temporal o históricamente coyuntural, que también las medidas que atribuyen las ventajas a los desfavorecidos sean temporales.

Por otro lado, es un despropósito asumir que las medidas de «acción positiva» que se pretendan imponer para eliminar desequilibrios, deban tener naturaleza punitiva. Los bienes jurídicos protegidos tales como el derecho al honor, a la libertad y a la integridad física y moral, merecen idéntica tutela judicial para el hombre que para la mujer. No es posible sin incurrir en una discriminación inversa, crear tipos penales para la protección de derechos fundamentales que sean distintos en función del sexo, o Juzgados especiales de cuya tutela se excluya a los varones y rompiendo con garantías procesales —*el forum delicti commissi*—, que en el caso de la jurisdicción penal, señala el juez competente y su necesaria predeterminación legal. Recuerda esta medida a los antiguos Tribunales de Honor, aunque la imposición de estos últimos, genere una discriminación nacida de la imposición de un Tribunal irregular en ciertos colectivos.

Aunque las medidas contempladas en la Ley son amplias y como se ha señalado afectan a diversas materias, a nuestro fin será suficiente con analizar el desequilibrio inconstitucional que se produce de manera expresa con algunas de las modificaciones del Código Penal. La ley introduce, entre otras, las siguientes novedades:

a) Art. 36. Protección frente a las lesiones: Modifica el artículo 148 CP, en el sentido de agravar la pena por el delito de lesiones «*si la víctima fuere o hubiere sido esposa, o mujer que estuviere o hubiere estado ligada al autor por una análoga relación de afectividad, aún sin convivencia*».

b) Art. 37. Protección contra el maltrato: Modifica el art.153 CP, en el sentido de agravar la pena cuando se dan las anteriores circunstancias.

c)   Art. 38. Protección contra las amenazas: Se introducen los apar-
     tados 4, 5 y 6, agravando la pena en las mismas circunstancias an-
     teriores.

d)   Art. 39. Protección contra las coacciones: Modifica el art. 172 CP
     en el sentido de apreciar existencia de delito en las amenazas o
     coacciones leves cuando el autor es varón y se produce en las
     condiciones anteriores.

La significación de las modificaciones introducidas por la Ley,
se pone en evidencia al comparar la nueva regulación con la preexis-
tente.

El art. 147 CP castiga al autor del delito de lesiones con una pena
de prisión de 6 meses a 3 años, dependiendo de las circunstancias
y gravedad de los hechos, pudiendo, en atención a la levedad de las
lesiones, resultar una pena de prisión de tres a seis meses, o la alternativa de multa de seis a doce meses.

El art. 148 CP preveía penas agravadas en determinadas circunstancias para el delito de lesiones, resultando penas de dos a cinco
años de prisión para estos casos. La Ley analizada, introduce un nuevo apartado en este artículo, incluyendo al varón autor del delito de
lesiones, en las circunstancias de que el sujeto pasivo sea o haya sido
esposa o mujer con análoga relación de afectividad.

El art. 153.1 CP se modifica en el sentido de ampliar el marco
mínimo de pena de prisión (seis meses a un año) para el varón unido
a la víctima mujer, como autor de una falta leve de maltrato mientras
que el apartado 2, (caso en que el autor es cualquier otra persona del
ámbito doméstico), mantiene una pena de prisión de tres meses a un
año. En ambos casos también existe la pena alternativa de 31 a 80 días
de trabajos para la Comunidad y las accesorias.

El art. 171.1 Establece la pena de prisión de 3 meses a 1 año o
multa de seis a 24 meses para aquellos que incurran en amenazas con

un mal que no constituya delito. Nuevamente el apartado 4 agrava la pena situando el marco entre 6 meses y 1 año para los varones en las circunstancias ya citadas.

El art. 172.1 CP.1 corrige las coacciones por imposición de una pena de prisión de seis meses a 3 años, o por multa de 12 a 24 meses. Nuevamente la Ley analizada introduce mayor marco mínimo de pena para el varón en el caso de coacciones imponiéndose en todo caso la pena de seis meses a 1 año o la alternativa de trabajos para la Comunidad y las accesorias.

Las consecuencias de este endurecimiento penal discriminatorio no sólo tienen que ver con la mayor penalidad, sino que al convertirse en delito algunas faltas, cuando el sujeto activo es varón y el sujeto pasivo sea o haya sido, la esposa o mujer con relación análoga, cabrá la imposición sobre el varón de las medidas de los art. 544-*ter* de la Ley de Enjuiciamiento Criminal (salida del domicilio, alejamiento, suspensión de las comunicaciones, etc.), así como la detención inmediata.

En definitiva y como anuncia la Exposición de Motivos de la Ley, se introducen un mayor reproche y responsabilidad penal para ciertos hechos cometidos por el varón, cuando el sujeto pasivo sea mujer.

La crítica esencial a estas desacertadas y arbitrarias medidas, no proviene sólo de que el derecho penal es la *ultima ratio* del Estado, sino también de que supone una manifestación de la impotencia del Gobierno para analizar en detalle las causas de estas conductas, y la búsqueda de soluciones alejadas del mero uso y abuso del poder punitivo, máxime cuando estas medidas pueden transgredir las previsiones constitucionales.

Fijar un tipo penal en función del sexo masculino del sujeto activo y del sexo femenino del sujeto pasivo, dejando al margen la objetividad de la conducta realizada, es propio de sistemas autoritarios y dictatoriales, en los que la personalidad del autor, permitía reprochar una agravación de la conducta. Este modo de regular la tipificación penal, vulnera gravemente el principio de igualdad del artículo 14 CE, pues no hay razón alguna, ni existe desventaja para la mujer, en el tratamiento que el ordenamiento penal anterior se hacía respecto a este tipo de conductas.

Si la agravación es consecuencia de la mera estadística, se vulnera el principio de culpabilidad, porque no cabe añadir un plus de responsabilidad personal, cuando surge de hechos ajenos; si la agravación proviene de la dominación del hombre sobre la mujer, estaríamos ante *una presunción legal* que se hace depender no del «hecho», sino del sexo del autor.

Estas modificaciones penales han sido objeto de decisiones del Tribunal Constitucional que ha debido pronunciarse en un elevadísimo número de casos de aplicación de la nueva Ley[18]. De entre ese elevado número de cuestiones planteadas por los Jueces (número que, dicho sea de paso, tiene significación), se citan algunas Sentencias al respecto, representativas de la posición del Tribunal (entre paréntesis se cita el Órgano de origen):

- Sentencia 41/2010, de 22 de julio de 2010 (Juzgado de lo Penal 2 de Albacete).
- Sentencia 202/2009, de 27 de octubre de 2009 (Juzgado de lo Penal 2 de Toledo)
- Sentencia 201/2009, de 27 de octubre de 2009 (Juzgado de lo Penal 2 de Albacete)
- Sentencia 153/2009, de 25 de junio de 2009 (Juzgado de lo Penal 2 de Albacete)

---

18 Véase el Anexo II, donde se enumeran las cuestiones de constitucionalidad planteadas contra dichas modificaciones del CP.

- Sentencia 154/2009, de 25 de junio de 2009 (Juzgado de lo Penal 2 de Toledo)
- Sentencia 45/2009, de 19 de febrero de 2009 (Juzgado de lo Penal 1 y 4 de Murcia)
- Sentencia 80/2008, de 17 de julio de 2008 (Juzgado de lo Penal 2 de Toledo)
- Sentencia 59/2008, de 14 de mayo de 2008 (Juzgado de lo Penal 4 de Murcia)

De ellas, las fundamentales, son las que siguen, dado que sus fundamentos jurídicos han sido invocados en las Sentencias posteriores:

1. Sentencia 59/2008, de 14 de mayo de 2008, del Pleno del Tribunal Constitucional. Resuelve la cuestión de constitucionalidad planteada por el Juzgado de lo Penal nº 4 de Murcia, en relación con el artículo 153.1 CP.

El Juzgado de lo Penal nº 4 de Murcia, cuestiona la constitucionalidad del contenido del art. 153.1 CP por entender que vulnera los artículos 10, 14 y 24.2 CE al introducir una discriminación por razón de sexo. Dispensa la norma mayor carga punitiva cuando se define el sujeto activo como varón y el pasivo como mujer (que sea o haya sido esposa o ligada por análoga relación), que cuando el sujeto activo es mujer.

El Tribunal tras desestimar la petición de inadmisión por cuestiones procesales suscitada por el Fiscal General y el Abogado del Estado, entra al fondo de la cuestión, no sin anticipar que «... *conduciría, en efecto, a su inconstitucionalidad si la interpretación asumida por el Juzgado fuera la única posible y no cupieran otras interpretaciones como las manifestadas en numerosos pronunciamientos de los Jueces y Tribunales ordinarios...».*(STC 59/2008) F.J. 4º.

A nuestro juicio, no es aceptable que se introduzcan en sede constitucional argumentos propios de los Tribunales ordinarios, como argumentos en contra del acogimiento de la cuestión, pues lo que el juez ha planteado, debe ser resuelto por el criterio de los magistrados constitucionales sin que quepa que este criterio sea sustituido por criterios propios de la jurisdicción ordinaria.

La Sentencia desestima la cuestión planteada esencialmente porque entiende que es posible otra interpretación del texto analizado. El argumento decisivo de la Sentencia es esencialmente la interpretación que hace de la intención del legislador en el sentido de que es necesario apreciar un «*arraigado modelo agresivo de conducta contra la mujer por parte del varón en el ámbito de la pareja*». El Tribunal asume esta idea como verdad necesaria que no necesita ser demostrada, por mucho que en anteriores épocas la mujer hubiera tenido una consideración de «sexo débil», que actualmente no es sostenible.

En todo caso, tratándose —como se dice—, de que existen otras interpretaciones (si así no fuera, no cabe duda que la cuestión de inconstitucionalidad hubiera prosperado), no se entiende por qué no se lleva al Fallo la interpretación precisa del artículo cuestionado. Si tal y como el Tribunal afirma, la interpretación de la Juez que plantea la cuestión es perfectamente posible: ¿cómo apreciarán los Tribunales ordinarios si es constitucional o no? En otras palabras, la omisión de la interpretación precisa del artículo cuestionado en el Fallo, hace suponer que el mismo es ajustado a los principios constitucionales, cuando en realidad no es así, porque ha sido susceptible de cuestionamiento razonado, y porque éste acertado cuestionamiento, sólo se ha podido desestimar por medio de una interpretación alternativa, acogedora de una corriente social determinada y no mayoritaria.

2. Sentencia 45/2009, de 19 de febrero de 2009, del Pleno del Tribunal Constitucional. Resuelve 12 cuestiones de inconstitucionalidad planteadas, una por el Juzgado de lo Penal n° 1 de Murcia, y las demás, por el Juzgado de lo Penal n° 4 de Murcia, en relación al artículo 171.4 CP.

La cuestión que se plantea hace referencia a que se consideran delitos y con pena más grave, las amenazas leves en las que el sujeto activo es varón, y pasivo la mujer (relacionada), mientras que son falta en el resto de posibles autores y víctimas.

El Tribunal refiere algunos de sus fundamentos jurídicos a la Sentencia previa 59/2008, aunque ahora la diferencia de trato penal, no se refiere al diferente marco de pena, sino a la consideración como delito de una falta, si el sujeto activo y pasivo coinciden con las ya presentadas condiciones que revelan un discernimiento por sexo.

Al igual que se utilizara como criterio en la Sentencia 59/2008, el Tribunal parte de «*corresponde en exclusiva al legislador el diseño de la política criminal, para el que goza, dentro de los límites establecidos en la Constitución, de un amplio margen de libertad que deriva de su posición constitucional, y, en última instancia, de su específica legitimidad democrática*»(STC 59/2008) F.J.6. Posteriormente alude (al igual que en la Sentencia precedente), a una interpretación de la intención del legislador, que impide reconocer que la diferente tipicidad y penalidad se justifica en la diferencia de sexo.(STC 45/2009)

Podríamos asumir que la Ley, crea un delito especial que sólo puede ser cometido por el varón, y que se fundamenta en la existencia de actitudes «*sexistas y machistas*». Más no debió ser eludida por el Tribunal la valoración de la presunción de que todo varón, cuando realiza actos típicos en los ámbitos protegidos (pareja o ex pareja), está evidenciando el sexismo que le guía en

Ricardo Manuel Trigo Calonge

su conducta, y por tanto hay que poner en marcha la protección penal reforzada.

Asumir esto sería contrario al principio de igualdad. Detrás de esta omisión, lo que subyace es la privación impuesta a los Jueces de su prerrogativa constitucional para juzgar si efectivamente en determinados hechos se está poniendo en evidencia un acto de poder y superioridad del varón. Es más esta privación de facultades se produce porque en las condiciones expuestas, **el legislador ya ha decidido antes**. No parece esta una forma de proceder democrática ni respetuosa con la Constitución, sino que más bien, se produce un abuso de poder derivado de una legitimidad dudosa.

En conclusión y como se ha podido apreciar, la introducción de agravamientos penales para la conducta de los varones frente a sus parejas o ex parejas, se ha considerado acorde a los principios constitucionales —no sin generar cierta inseguridad jurídica—, justificando dicha medida a través de dos factores esenciales utilizados por el Tribunal Constitucional. Uno de ellos de orden jurídico y otro de orden práctico ideológico.

El primero de ellos se refiere a la plena libertad del legislador para definir la política criminal con justificación última en su legitimidad democrática. Cuando somos conscientes del negocio político en la aprobación de las leyes, y si se tienen en cuenta las presiones de grupos mayoritarios, debemos entender que esta razón —que sin duda no puede eludir el Tribunal Constitucional—, pudiera no ser aplicable desde un punto de vista racional por más que cumpla las reglas de derecho, pero tampoco está entre las propias de un proceso democrático.

La segunda razón de orden ideológico no es admisible. Se trata de la aceptación por el Tribunal Constitucional de una posición del legislador, que impide al Juez decidir si la concreta conducta de los encausados varones frente a sus parejas o sus ex parejas, son fruto de una relación abominable de subordinación y dominación machista, que justificarían un mayor reproche penal. Queda claro, que desde una posición ideológica fragmentaria y minoritaria, se ha llegado a una decisión legislativa que afirma sin excepción, que la conducta de los varones en relación a la mujer, corresponde a una situación machista y sexista. Esto presupone la negación de valores básicos atribuibles a todas las personas, fundamentado en opiniones e interpretaciones históricas poco solventes.

Año 2005
LEY 13/2005, DE 1 DE JULIO, POR LA QUE SE MODIFICA EL CÓDIGO CIVIL EN MATERIA DE DERECHO A CONTRAER MATRIMONIO

La Ley 13/2005, vino a instaurar por primera vez en la historia de España, mediante la modificación del Código Civil, la unión entre parejas del mismo sexo como matrimonio legal.

La Ley fue vetada por el Senado el 22 de julio de 2005, devolviéndose al Congreso (algo muy infrecuente). Fue informada por el Consejo de Estado en su Dictamen 2628/2004 de 16 de diciembre(Consejo de Estado, 2004), con serias críticas que desaconsejaron al Gobierno tal iniciativa.

El Gobierno omitió trasladar el Anteproyecto al Consejo General del Poder Judicial, impidiendo que emitiera el preceptivo informe previsto en el art. 108.1.e) de la Ley del Poder Judicial. A pesar de ello, el Pleno del Consejo del Poder Judicial, acordó el 6 de octubre de 2004, dirigirse al Gobierno recabando el Anteproyecto para elaborar el estudio. El Ministro de Justicia, denegó la petición el día 13 siguiente. El mismo día, el Pleno acordó que se elaborara un estudio al respecto, que fue aprobado el 18 de enero de 2005(Consejo General del Poder Judicial, 2005). El estudio jurídico del Consejo del Poder Judicial aconseja la paralización de la iniciativa para la aprobación de la Ley, en tanto se hace necesario reflexionar sobre las consecuencias jurídicas que pueda suponer el abandono de la heterosexualidad como signo identificativo del matrimonio. No se puede decir que la iniciativa legislativa tuviera buena acogida y mucho menos que el Gobierno cumpliera, con rigor sus obligaciones. Recordar, que la omisión del informe preceptivo es una infracción de lo previsto en la Ley Orgánica del Poder Judicial, y que por lo demás, impide que tal informe pueda ser llevado al Congreso de los Diputados.

Por fin, en la votación del jueves, 21 de abril de 2005, el Congreso de los Diputados aprobó el Proyecto de Ley del Gobierno, por 183 votos a favor (PSOE, IU, ERC, Grupo Mixto y algún diputado del PP y del PNV), 136 votos en contra (PP, UDC y alguno del PNV) y 6 abstenciones. El 18 de junio de 2005, tuvo lugar en Madrid una manifestación en defensa de la familia.

Un modelo de actuación cuestionable, que pugna con los valores de un Estado democrático de derecho, si se tiene en cuenta el hondo calado de la reforma lograda, que ofrece serias dudas de constitucionalidad. La ley promulgada (que entró en vigor el 2 de julio de 2005), fue objeto de Recurso de Inconstitucionalidad 6864/2005, que fue admitido a trámite el 25 de octubre de 2005 (BOE 273/2005 de 15 de noviembre)(Recurso de Inconstitucionalidad 6864/2005, contra la Ley 13/2005 de 1 de julio; Providencia de admisión a trámite) y que aún pende ante el Tribunal Constitucional, más de cinco años después.

En cuanto al contenido de la Ley, consta de una Exposición de Motivos, un artículo único, dos Disposiciones Adicionales y dos Finales. El artículo único introduce diversos cambios en el Código Civil, de los cuales el esencial, que es origen de los demás, es la modificación introducida en el artículo 44 del Código Civil —en su párrafo segundo—, cuya redacción queda fijada de la siguiente forma: *«El matrimonio tendrá los mismos requisitos y efectos cuando ambos contrayentes sean del mismo o de diferente sexo»*.

Los demás apartados del artículo único, son consecuencia de lo anterior y esencialmente son adaptaciones a la nueva terminología necesaria para tener en cuenta la modificación. En definitiva el legislador ha venido a introducir un cambio radical en la concepción del matrimonio, modificando el Código Civil, que hasta entonces en su artículo 44, contenía exactamente lo que dice el artículo 32 CE, *«El hombre y la mujer tienen derecho a contraer matrimonio»*. Una consecuencia importante de esta modificación de la institución matrimonial, es el reconocimiento a los matrimonios del mismo sexo, del derecho a ser parte en los procesos de adopción de menores.

Como era de esperar, esta imposición legal, aprobada desoyendo los informes de órganos tan importantes como los que se han citado anteriormente, y otras propuestas que permitirían una solución al problema de las parejas homosexuales, no sólo ha provocado un encontronazo social, sino también un grave conflicto jurídico de alcance constitucional. La invasión por el legislador ordinario, de un terreno que le está vedado, mediante la alteración de la Constitución a través de *«las adaptaciones terminológicas»* o interpretaciones poco reflexivas, es la causa principal de ello.

El legislador encuentra la justificación de este profundo cambio, en una supuesta evolución social mucho más rica, plural y dinámica que aquella que inspiró la concepción que subyace en los Códigos del siglo XIX. De este modo, supone que nos encontramos ante un fenómeno de reconocimiento y aceptación social de un nuevo modo de convivencia de la pareja. El motor principal de su iniciativa tal y como se expresa en la Exposición de Motivos, es la eliminación *«de una larga trayectoria de discriminación basada en la orientación sexual»*, lo cual le lleva a la ficción de entender que encuentra sólidos fundamentos constitucionales para su iniciativa, en la promoción de la igualdad y el libre desarrollo de la personalidad (Arts. 9.2, 10.1 y 14 CE). Pero no se detiene a interpretar el significado constitucional del artículo 32 CE.

Una simple ojeada a los datos demuestra que no existe unanimidad social en la aceptación de la «nueva percepción» de las relaciones de pareja, que se pretenden identificar con el sentido originario y estable de la institución matrimonial. El Barómetro, Estudio 2.568,(Centro de Investigaciones Sociológicas, 2004), diseñó la Pregunta 14 con el siguiente texto: *¿Cree usted que las parejas homosexuales deberían tener derecho a contraer matrimonio?* Las respuestas fueron:

	%	(Número)
Sí	66,2	(1.641)
NO	26,5	(656)
N.S.	6,7	(167)
N.C.	0,6	(15)
TOTAL	100,0	(2.479)

Pero es más significativo aún el resultado de la encuesta referido a la Pregunta 15: «*Las parejas homosexuales deben tener los mismos derechos que las heterosexuales a la hora de adoptar niños*»:

	%
Muy de acuerdo	21,9
Bastante de acuerdo	26,3
Poco de acuerdo	16,7
Nada de acuerdo	27,4
N.S.	7,1
N.C.	0,5
TOTAL	100,0 (2.479)

Estos datos, acreditan dos hechos:

En primer lugar, la existencia de serias dudas sobre la pretendida evolución social que pudiera dejar obsoleto el concepto de matrimonio legal. Fenómeno al que se alude en la Exposición de Motivos de la Ley, para justificar no ya una alteración de la institución civil, sino una interpretación inconstitucional del artículo 32 CE. Mientras que el 66,2 % de la población está plenamente conforme con que los homosexuales tengan derecho a contraer matrimonio legal, sólo el 21,9 % de la población encuestada, admite la adopción de menores sin reservas por dichas parejas, mientras que del 69,4 % de los que contestan, el 43 % tiene dudas, y el 27,4 % es totalmente contrario. Estos resultados apuntan con claridad a que no se ha tenido en cuenta con el debido rigor, el concepto de «matrimonio legal» por los que responden afirmativamente a la primera pregunta. De otra forma se hubiera llevado a un resultado equivalente respecto de la segunda, ya que el «matrimonio legal» lleva aparejada la opción de acceder a la adopción —la cual, dicho sea de paso, no es un derecho de la pareja—.

En segundo lugar, los datos indican (sin tener en cuenta la incoherencia observada en los resultados), que al menos un tercio de la población no está de acuerdo con el contenido de la nueva Ley. Esto permite negar directamente el suficiente consenso respecto al nuevo concepto del matrimonio, impidiendo afirmar que sea fruto de la evolución social.

La imposibilidad de justificar la Ley desde los propios planteamientos que se hacen en su Exposición de Motivos, por ser poco rigurosos e interesados, tiene como consecuencia inmediata, el reconocimiento de encontrarnos ante una imposición legal que supone la distorsión del fin legítimo de las instituciones del Estado. No puede entenderse de otra forma, el hecho de que el legislador ordinario pueda pretender alterar los principios constitucionales, sin cumplir con los procedimientos preestablecidos para ello.

Para un mejor entendimiento de la incoherencia que puede observase en las respuestas a las preguntas 14 y 15 del *Barómetro del CIS* de 2004, se hace necesario ahondar en la naturaleza y alcance de la modificación legal aprobada: alteración del Orden Público de la legislación española y de modo particular el Derecho de Familia; adición de nuevas obligaciones domésticas; idénticos derechos relativos a la sucesión en personas del mismo sexo; alteraciones en materia de la reproducción; alteraciones en la Ley General de Educación, ampliación de delitos a conductas contra la orientación sexual, y un largo etc.

No es posible entender que el concepto de «matrimonio» se agote en sí mismo, porque es una institución jurídica de profundo raigambre en el Derecho de Familia, que alcanza a numerosas facetas individuales y sociales. Pese a ello la Orden del Ministerio de Justicia nº 568/2006, de 8 de febrero, (con fundamento legal en la Ley 13/2005), ha venido a plasmar este reduccionismo al impedir el reconocimiento de la distinta condición sexual del hombre y la mujer: en todo documento oficial, los términos «hombre-mujer», y «padre-madre» han sido sustituidos por «progenitor A» y «progenitor B»; la expresión legal «matrimonio de los padres» viene a ser sustituida por «matrimonio de los progenitores». Esto significa que los cambios no son meramente terminológicos, que no se trata de un mero cambio nominal, porque el sexo sería una condición originaria, pero el género vendría decidido por libre elección personal. Prueba de ello, es que la Ley 3/2007, de 15 de marzo, reguladora de la rectificación registral de la mención relativa al sexo de las personas, vino posteriormente a reconocer el derecho de toda persona de nacionalidad española, mayor de edad, a solicitar «la rectificación» de la mención registral del sexo, surtiendo todos los efectos respecto a los derechos inherentes a su nueva condición. La consecuencia es que el matrimonio en España, no se funda en la distinta condición sexual natural del hombre y la mujer, sino en los posibles cinco géneros (si se tienen en cuenta los transexuales y homosexuales hombre/mujer y mujer/hombre). Cualquier par de personas independientemente de su género, puede acceder a la institución matrimonial, porque la unión se basa exclusivamente en el deseo común de vivir juntos —una puerta abierta a la poligamia, como advierte en su estudio el Consejo General del Poder Judicial—. El resultado es la posibilidad de que proliferen grupos humanos con hijos (parejas casadas o no, del mismo o distinto sexo), que han recibido el nombre de «modelos de familia», lo que en conjunción con lo previsto en el art. 6 de la Ley 14/2006, de 26 de mayo, sobre técnicas de reproducción humana asistida, en la que se reconoce el derecho de toda mujer a ser usuaria de las técnicas, independientemente de su estado civil y orientación sexual, parece descubrir un hilo conductor relevante para reconocer una estrategia temporal tendente a un *cambio social* importante. Un cambio social tan «avanzado», que propicia la aparición de casos como el del primer transexual español (pasó de mujer a hombre), embarazado de gemelos. Rubén Noé Coronado, sufrió un aborto espontáneo en la semana 17[19]. Esta profunda alteración de las situaciones jurídicas y de la conciencia social, se produce en tanto que la repercusión práctica de la Ley, es manifiestamente escasa en cuanto al número de matrimonios homosexuales contraídos:

---

19 Ver diario «El Mundo» de 10 de Junio de 2009. Fecha de acceso: 29 de noviembre de 2010. Disponible en: http://www.elmundo.es/elmundo/2009/06/10/espana/1244652672.html.

	2005		2006		2007		2008		2009	
Entre varones	914	0,44%	3.000	1,47%	2.141	1,06%	2.051	1,06%	2.212	1,26%
Entre mujeres	355	0,17%	1.313	0,65%	1.052	0,52%	1.143	0,59%	1.200	0,68%
Total Homosexuales	1.269	0,61%	4.313	2,12%	3.192	1,58%	3.194	1,65%	3.412	1,94%
Total Matrimonios	**208.146**		**203.453**		**201.579**		**194.022**		**175.972**	

Número de matrimonios homosexuales y porcentaje respecto del total

(Fuente Instituto Nacional de Estadística (www.ine.es, acceso el 28 de Noviembre de 2010)

Para concluir este análisis es necesario atender a la posición del Tribunal Constitucional en decisiones previas a la que debe tomar respecto al Recurso de Inconstitucionalidad 6864/2005 formulado contra la Ley, del que desgraciadamente lleva más de 5 años demorando una solución. En primer lugar es necesario hacer referencia al Auto de la Sala Primera del Tribunal Constitucional 222/1994, de 11 de julio. (ATC 222/1994). El Auto resuelve un Recurso de Amparo frente a la Sentencia de la Sala de lo Social del Tribunal Superior de Justicia de Madrid, de fecha 25-02-1993, desestimatoria en segunda instancia de la solicitud de pensión de viudedad al fallecimiento de una persona del mismo sexo, con la que convivía de forma marital. Alega el recurrente que al no existir la posibilidad de contraer matrimonio entre homosexuales, se vulnera el derecho a la igualdad, en tanto que no pueden acceder a la pensión de viudedad, que el art. 160 de la Ley General de la Seguridad Social, reconoce para el caso de matrimonio. El amparo es denegado por el tribunal al entender (F.J. segundo):

1º «La unión de dos personas del mismo sexo, no es una institución jurídicamente regulada, ni existe un derecho constitucio-

85

nal a su establecimiento; todo lo contrario al matrimonio entre hombre y mujer que es un derecho constitucional (art. 32.1 CE), que genera «ope legis» una pluralidad de derechos y deberes (STC 184/1990)».

2° «Este argumento viene avalado, además, por la jurisprudencia del Tribunal Europeo de Derechos Humanos que opera aquí como canon de interpretación, al amparo de lo previsto en el art. 10.2 CE. En sendas Sentencias (caso Rees, 17 de octubre de 1986 [TEDH 1986, 11], y caso Coasey, 27 de septiembre de 1990 [TEDH 1990, 22]), ha declarado que no permitir el matrimonio entre personas del mismo sexo no implica violación del art. 12 del Convenio de Roma (RCL 1979, 2421 y ApNDL 13627), que al garantizar el derecho a casarse, se refiere al concepto tradicional de matrimonio entre dos personas de distinto sexo;»

Al considerar la afirmación del Tribunal Constitucional en esta resolución, en el sentido de negar la existencia de un derecho constitucional a la unión de dos personas del mismo sexo, se confirma plenamente que la Ley analizada vulnera principios Constitucionales, máxime cuando se acompaña de la afirmación tajante de que el matrimonio a que se refiere la Constitución e incluso el Convenio de Roma, es el que se celebra entre hombre y mujer.

Posteriormente a la entrada en vigor de la Ley, los únicos pronunciamientos realizados por el Tribunal Constitucional relacionados con la problemática (y a la espera de la resolución del Recurso de Inconstitucionalidad pendiente), se contienen en los Autos que resolvieron las Cuestiones de Inconstitucionalidad promovidas por el Magistrado-Juez titular del Juzgado de Primera Instancia e instrucción núm. 3 y encargado del Registro Civil de Denia (Alicante), el de su homólogo del Telde (Gran Canaria) y el de Cieza (Murcia).(ATC 505/2005), (ATC 508/2005) y (ATC 12/2008).

Desgraciadamente no pudo entrarse al fondo de las cuestiones idénticamente planteadas en los tres casos, sobre la posible contradicción entre el Art. 44 del Código Civil, en la redacción dada por la Ley 13/2005 y el art. 32.1 CE, con ocasión de la inscripción de un matrimonio homosexual en el Registro Civil. La causa para no resolver el fondo del asunto, era de naturaleza procesal. Entiende el Tribunal, que el Juez que tramita el expediente matrimonial, no está resolviendo un proceso judicial, ni que el planteamiento realizado por el Juez tenga relación con la supuesta inconstitucionalidad de una norma que deba aplicar en un Fallo. En consecuencia las cuestiones de constitucionalidad promovidas no fueron admitidas.

En todo caso, aunque no sea aquí necesario extenderse sobre ello, los Autos citados contienen votos particulares que manifiestan un pleno desacuerdo con la decisión del Tribunal Constitucional. Entienden los magistrados disidentes que los jueces están plenamente legitimados para plantear tales cuestiones en la tramitación de un expediente matrimonial, puesto que autoriza o deniega la celebración del matrimonio en garantía de un derecho fundamental y cumpliendo lo previsto en el art. 117.4 CE, sin que una normativa preconstitucional, pueda subordinar al Juez, ante las instrucciones de la Administración de turno.

Estas discrepancias tan seriamente planteadas, bien pudieran estar enmascarando la intención de dejar para más adelante, la tarea de entrar al fondo de un asunto tan comprometido.

En conclusión, estamos en condiciones de afirmar que la legislación directa en torno al matrimonio, al sexo, a la familia, y a la reproducción, que ha venido promulgándose durante todo el Sexenio 2004-2010, tiene un hilo conductor común, en el sentido de imponer nuevos modelos de convivencia y una nueva conciencia no compartida suficientemente en el estado español, alterando principios constitucionales y no reparando en utilizar técnicas cuestionables y en acudir «al mercado» de los partidos en el Congreso. Todo ello sin que las garantías jurisdiccionales de la Constitución hayan podido impedirlo hasta la fecha.

Año 2006
LEY ORGÁNICA 6/2006, DE 19 DE JULIO, DE REFORMA DEL ESTATUTO DE CATALUÑA

Antes de abordar el análisis de la Reforma del Estatuto de Cataluña de 2006, es necesario exponer la significación y función de los Estatutos de Autonomía en el Estado Español, tras la promulgación de la Constitución de 1978.

Los Estatutos de Autonomía, son las normas institucionales fundamentales en las Comunidades Autónomas. De esta forma, en la práctica éstas se consolidan con la aprobación de su propio Estatuto autonómico. A salvo de la propia Constitución, el Estatuto de Autonomía es la norma básica dentro de la comunidad autónoma. Los Estatutos, tienen el rango de Ley Orgánica, es decir de ley que requiere especial reforzamiento de votos, mayoría absoluta del órgano que los aprueba o ratifica.

La Constitución española, en atención a la existencia de Estatutos previos y otros derechos históricos (esencialmente los promulgados durante la II República y los relativos a territorios forales), reconoce dos vías para acceder a la promulgación de un Estatuto de Autonomía que conforma jurídicamente una Comunidad Autónoma (además de la vía especial utilizada en el caso de Navarra): por un lado, la denominada «vía lenta», de los artículos 143 y 144 CE, y por otro, la «vía rápida» del art. 151 CE o de la Disposición Transitoria Segunda. La diferencia fundamental se encuentra en que la «vía rápida» aunque requiere un procedimiento más complejo, permite adquirir un techo de competencias más alto en menor tiempo que la «vía lenta», porque la Constitución prevé dos niveles competenciales: el de menor amplitud correspondiente a la vía lenta en el periodo inicial (no permite modificación alguna hasta pasados cinco años y permite acceder a las competencias del artículo 148.1 CE), y el más amplio que puede ser incorporado a los estatutos en un solo procedimiento, en el caso de utilizarse la «vía rápida», que permite acceder a todas la competencias, excepto las reservadas al Estado en el art. 149.1. En definitiva, los estatutos son una fórmula para permitir la descentralización territorial del poder, por medio de la asunción de diferentes niveles de competencias, incluso por competencias compartidas, entre el Estado y las comunidades autónomas, pero siempre debiéndose respetar la Constitución en su integridad.

Aclarado esto, se puede comprender sin dificultad que el panorama autonómico español sea de lo más variado y podría decirse que complejo, existiendo una amplia diversidad en función del grado de asunción de competencias. En este juego temporal de traslación de competencias desde el Estado a los territorios autonómicos, también se comprende que en función de los rasgos ideológicos característicos de cada región, la presión atractiva sobre las competencias sea mayor en aquellos que pretenden una mayor soberanía o autogobierno.

El actual Estatuto de Autonomía de Cataluña, fue aprobado por *referendúm*, el 18 de junio de 2006, sustituyendo al elaborado en 1979. El Parlamento catalán lo aprobó con un 88 % de votos a favor y la oposición del Partido Popular. Posteriormente, esta mayoría se redujo al ser «recortado» en las Cortes Generales. Fue objeto de siete Recursos de Inconstitucionalidad: Partido Popular, Defensor del Pueblo, y cinco Comunidades Autónomas (La Rioja, Murcia, Valencia, Baleares y Aragón)[20].

---

20 Véase Anexo II.

El recurso del Partido Popular, se fundamenta en la consideración del texto como una Constitución «paralela», impugnando 114 artículos, nueve de las disposiciones adicionales y dos de las finales, entendiendo que quiebra los principios constitucionales de libertad e igualdad. El 28 de septiembre de 2006, fue admitido a trámite.

El recurso del Defensor del Pueblo, impugna 112 artículos y cuatro disposiciones adicionales, refiriéndose a conceptos tales como derechos y deberes, lengua, competencias, justicia, relaciones bilaterales con el Estado, «*Sindic de Greuges*», derechos históricos y carácter nacional. El 11 de octubre de 2006 fue admitido a trámite.

El recurso de la Comunidad murciana se fundamenta en la oposición del Gobierno de Murcia, a que se otorguen plenos poderes a la Generalidad catalana para fijar el caudal del río Ebro. Fue admitido a trámite el 24 de octubre de 2006.

El recurso del Gobierno de Aragón como el de la comunidad valenciana y el de Baleares, recurrieron la disposición adicional referente al Archivo de la Corona de Aragón, entendiendo que el archivo existente en Barcelona, es indivisible y debe ser gestionado por las comunidades implicadas —Cataluña, Baleares, Valencia y Aragón—, y el Gobierno central. Además el Gobierno valenciano impugna ciertos aspectos de la regulación de recursos hídricos y el sistema de financiación. Fueron admitidos el 14 de noviembre de 2006.

El texto definitivo, tras la adaptación realizada por causa de las conclusiones de la Sentencia 31/2010, de 28 de junio, del Tribunal Constitucional(STC 31/2010), consta de doscientos veintitrés artículos distribuidos en veintitrés capítulos, siete títulos, quince disposiciones adicionales, dos transitorias, una derogatoria y cuatro finales.

El proyecto de reforma estatutaria fue objeto de estudio por parte del Consejo General del Poder Judicial, fechado el 25 de enero de 2006 (Consejo General del Poder Judicial, 2006). Dicho estudio se refiere esencialmente a la modificación pretendida en lo que afectaba al ámbito del Poder Judicial. Entre las conclusiones del citado estudio, cabe resaltar la oposición directa del Consejo, por entenderse inconstitucional la creación de Consejos de Justicia Autonómicos tal y como contemplaba el texto:

> «*La Propuesta es inconstitucional desde el momento en que un Estatuto de Autonomía regula el sistema de gobierno de un Poder del Estado que es único, de ámbito nacional y exclusiva titularidad estatal. Propicia un régimen gubernativo judicial sólo para una parte de España, rompiendo su unidad.*» *[Conclusión Tercera del Estudio].*

A efectos ilustrativos, se citará el Fallo de la citada Sentencia del Tribunal Constitucional, que vino a resolver el Recurso de Inconstitucionalidad 8045/2006, (cuatro años después de la entrada en vigor de la Ley Estatutaria), presentado por noventa y nueve diputados del Grupo Popular en el Congreso. El texto aludido declara:

1. Ineficacia jurídica interpretativa de las referencias del preámbulo del Estatuto, a «Cataluña como nación» y «la realidad nacional de Cataluña».
2. Inconstitucionalidad de: la expresión «y preferente» del apartado 1 del art. 6; el apartado 4 del art. 76; el inciso «con carácter exclusivo» del apartado 1 del art. 78; el art. 97; los apartados 2, letras a), b), c), d) y e), y 3 del art. 98; los incisos «y con la participación del Consejo de Justicia de Cataluña» de los apartados 5 y 6 del art. 95; el inciso «por el Presidente o Presidenta del Tribunal Superior de Justicia de Cataluña, que lo preside, y» del apartado 1 del art. 99; el apartado 1 del art. 100; el inciso «o al Consejo de Justicia de Cataluña» del apartado 1 y el apartado 2 del art. 101; el inciso «como principios o mínimo común normativo en normas con rango de

ley, excepto en los supuestos que se determinen de acuerdo con la Constitución y el presente Estatuto» del art. 111; el inciso «los principios, reglas y estándares mínimos que establezcan» del apartado 2 del art. 120; el inciso «los principios, reglas y estándares mínimos fijados en» del apartado 2 del art. 126; el inciso «siempre y cuando lleven a cabo un esfuerzo fiscal también similar» del apartado 3 del art. 206; y el inciso «puede incluir la capacidad legislativa para establecer y regular los tributos propios de los gobiernos locales e» del apartado 2 del art. 218.

3. No son inconstitucionales, siempre que se interpreten en los términos establecidos en el correspondiente fundamento jurídico que se indica, los siguientes preceptos: el art. 5 (FJ 10); el apartado 2 del art. 6 [FJ 14 b)]; el apartado 1 del art. 8 (FJ 12); el apartado 5 del art. 33 (FJ 21); el art. 34 (FJ 22); el apartado 1 y el primer enunciado del apartado 2 del art. 35 (FJ 24); el apartado 5 del art. 50 (FJ 23); el art. 90 (FJ 40); los apartados 3 y 4 del art. 91 (FJ 41); el apartado 2 del art. 95 (FJ 44); el art. 110 (FJ 59); el art. 112 (FJ 61); el art. 122 (FJ 69); el apartado 3 del art. 127 (FJ 73); el art. 129 (FJ 76); el art. 138 (FJ 83); el apartado 3 del art. 174 (FJ 111); el art. 180 (FJ 113); el apartado 1 del art.183 (FJ 115); el apartado 5 del art. 206 (FJ 134); los apartados 1 y 2, letras a), b) y d) del art. 210 (FJ 135); el apartado 1, letra d), del art. 222 y el apartado 1, letra i), del art. 223 (FJ 147); el apartado 1 de la disposición adicional tercera (FJ 138); y las disposiciones adicionales octava, novena y décima (FJ 137).

La extensión y complejidad jurídica de la Sentencia desaconsejan siquiera intentar un análisis detallado. En todo caso es posible incluir algunos comentarios que pueden ilustrar la problemática introducida y los principales puntos que inciden en dudosa constitucionalidad.

Cataluña una nación

Globalmente el texto del Estatuto es incompatible con la esencia de un Estado compuesto como el español. Las referencias del Preámbulo a la «nación catalana»: «... *recogiendo la voluntad de su ciudadanía ha definido de forma ampliamente mayoritaria a Cataluña como nación*... *la Constitución española reconoce la realidad nacional catalana como una nacionalidad*», si bien carecen de valor normativo presuponen un concepto que exige la previa renuncia a la unidad de España, proclamada en el artículo 2 de la Constitución. Lo mismo cabe decir del texto del artículo 5: «*El autogobierno de Cataluña se fundamenta también en los derechos históricos del pueblo catalán*», el cual claramente introduce una vía para lograr una soberanía no igualitaria al hacer residir el autogobierno, no en principios constitucionales, sino en supuestos derechos históricos reservados a los catalanes.

Lengua

El Estatuto recoge que «*El catalán es la lengua oficial de Cataluña. También lo es el castellano, que es la lengua oficial del Estado Español*». La significación de esta afirmación se comprende en su intencionalidad, cuando se da preferencia al catalán en ámbitos como el de la educación o la justicia, lo cual es claramente inconstitucional.

Símbolos nacionales

El art. 8, «*Cataluña... tiene como símbolos nacionales la bandera, la fiesta y el himno*», no hace otra cosa que reconocer el carácter de nación al territorio de la Comunidad autónoma, en demérito de los auténticos símbolos nacionales de España.

Poder judicial

Las modificaciones pretendidas en la Administración de Justicia, como ya adelantara el estudio del Consejo General del Poder Judicial, son opuestas de forma frontal a la Constitución.

Aseguramiento de competencias

El Título cuarto introduce nuevas competencias y la imposibilidad de que puedan ser modificadas por parte del Estado.

Bilateralidad

La elevación al rango estatutario de la Comisión Bilateral Generalidad-Estado sostiene una relación de igual a igual, indudablemente inconstitucional.

Financiación

Eleva la participación en los impuestos: 50 % IRPF, 50 % del IVA y 58 % de los impuestos especiales, se crea la Agencia Tributaria Catalana y se garantiza una inversión en Cataluña, equivalente a su Producto Interior Bruto.

Estas particulares definiciones y normas han pasado ampliamente «el filtro» del Tribunal Constitucional, y por tanto no se puede dudar de su trascendencia. Lo que resulta más extraño es que el propio partido socialista en Cataluña, y los grupos parlamentarios del mismo signo en el Congreso, hayan fomentado y admitido una decisión que es extraña a su ideología. Buena prueba de esta anómala situación se nos muestra en las declaraciones del presidente de la Comisión Constitucional del Congreso, el socialista Alfonso Guerra, que mantuvo —a pesar de su voto favorable— que «*el Estatuto Catalán y el Plan Ibarretxe son infumables*», destacando que «*hay socialistas que, a veces, hablan como nacionalistas*» y haciendo referencia a la necesidad de combatir el nacionalismo porque «*es uno de los problemas que tenemos hoy en el mundo*»[21].

Sólo es posible comprender esta contradicción, si la norma se enmarca en el programa de reformas planteado por el Gobierno en las Legislaturas que se analizan. Se trata —como intentamos demostrar—, de un mero intercambio con los nacionalistas para alcanzar una mayoría suficiente que garantice otras reformas de gran calado. Reformas coherentes con una estrategia de poder que pretende imponer una determinada línea ideológica.

En nuestra opinión, el Estado Español de las Autonomías constituye un sistema político que permitió dar solución a numerosos problemas de distribución del poder, generados históricamente y enquistados en el momento en que se redacta la Carta Magna de 1978. Es un sistema, aunque complejo, dotado de la suficiente flexibilidad para integrar la diversidad de costumbres, regiones y nacionalidades existente en España, con un trato respetuoso de las minorías y el reconocimiento expreso de la existencia de una España plural. Precisamente el tratamiento flexible de esta diversidad que se realiza con la introducción del sistema de Autonomías, permite integrar territorios con sus propias características socio-políticas en un Estado único, sin recurrir al federalismo que expresamente se prohíbe[22]. El sistema permite una distribución territorial del poder «a medida» de cada re-

---

21 Congreso Extraordinario por el Centenario de las Juventudes Socialistas celebrado en Baracaldo en 2006.

22 «*En ningún caso se admitirá la federación de Comunidades Autónomas*». Artículo145.1 de la Constitución Española de 1978.

gión o comunidad, sin que necesariamente haya que optar por una uniformidad radical.

Pero dicho esto, lo que no puede admitirse es que la flexibilidad en la distribución territorial del poder y la descentralización del poder único que históricamente generó numerosas tensiones, pueda ser manipulada dando lugar a Estatutos que infrinjan de modo directo principios constitucionales básicos. Sobre todo, porque es la propia Constitución la que debe fundamentar y legitimar los Estatutos de Autonomía. La promulgación del Estatuto de Cataluña, es un ejemplo claro de transgresión inconstitucional que pone de manifiesto un mal funcionamiento de las garantías constitucionales. Afirmación que puede deducirse del breve análisis anteriormente expuesto. Si se ahonda en cual ha sido la intención y el proceso político que ha conducido a la modificación del estatuto catalán, nuevamente se aprecia que es fruto de una «convención» entre nacionalistas y socialistas para conseguir fines que son contrarios a la voluntad de muchos ciudadanos. La legitimación de tal norma, sólo podría venir dada por una modificación suficiente de la propia Constitución. Y esa reforma supone el necesario consenso que debe obtenerse por el refrendo y la expresión de la voluntad popular y no sólo de los diputados y representantes políticos.

LEY 14/2006, DE 26 DE MAYO, SOBRE TÉCNICAS DE REPRODUCCIÓN HUMANA ASISTIDA

La Ley 14/2006, de 26 de mayo, fue publicada en el Boletín Oficial del Estado el 27 de mayo de 2006, entrando en vigor el día siguiente al de su publicación. Para entender el alcance de esta ley, se hace necesario atender a la Ley 35/1988, de 22 de noviembre, de Técnicas de Reproducción humana asistida y a la Ley 45/2003, de 21 de noviembre de modificación de aquella. Ambas fueron derogadas por la Ley

14/2006. Esta ley ha sido objeto de nuestro análisis en la Tesis Doctoral presentada en la Universidad Rey Juan Carlos de Madrid, el 20 de julio de 2010(TRIGO CALONGE, 2010). Se presentarán aquí algunas de las conclusiones obtenidas en aquel trabajo.

La Ley 35/1988, según su propia expresión en la Exposición de Motivos, viene a regular el uso y desarrollo de las técnicas alternativas a la esterilidad de la pareja humana, esencialmente refiriéndose a la fecundación *in vitro*. La práctica de esta técnica, planteaba no pocos interrogantes sobre el destino y la manipulación de óvulos fecundados, principalmente en los ámbitos social, ético, biomédico y jurídico. Con referencia expresa a la Sentencia del Tribunal Constitucional 53/1985, de 11 de abril (STC 53/1985), la Ley se decanta por atribuir al ser humano antes del nacimiento, diferente valoración ética y jurídica en función de su grado de desarrollo, pero llegando en este caso mucho más allá. Aunque no forma parte del cuerpo legal, en la exposición de motivos se asume el concepto equívoco de *preembrión*, estadio de los embriones hasta el día decimocuarto desde la fecundación. El tratamiento jurídico de la vida humana antes y después de esa fecha, es diferenciado, pues no cabe la atribución del derecho a la vida del preembrión, y tampoco la reducida protección del feto, que es considerado como mero *bien jurídico* protegido por el Estado: el preembrión se considera «material biológico» o simple «aglomerado de células» humanas.

La Ley cuyo objeto fundamental es la regulación de la actuación médica contra la esterilidad humana, permite dentro de ciertos límites el tratamiento de enfermedades de origen genético, y prevé la posibilidad de autorizar la investigación y experimentación con óvulos fecundados. La ley distingue entre preembriones *in vitro* «viables» y una nueva categoría, los «*no viables*», entre los que se encontrarían también los «*abortados*»; se incluye la posibilidad de crio-conservación; se admite la donación de óvulos fecundados a terceros atribuyendo a los donantes ciertas facultades de disposición sobre los mismos. La Ley fue objeto de Recurso de Inconstitucionalidad (376/1989), resuelto por la Sentencia del Tribunal Constitucional 116/1999, de 17 de junio (STC 116/1989).

La Ley 45/2003, de 21 de noviembre, vino a modificar los artículos 4 y 11 de la Ley 35/1988, dado el problema que había surgido al aumentar de forma alarmante el número de embriones congelados durante los quince años anteriores, y que habían quedado en «expectativa de destino». La ley anterior, preveía la posibilidad de que la congelación se mantuviera por plazo máximo de cinco años, pero no había previsto el destino de tales embriones pasado ese perentorio plazo si, como era el caso, las parejas no decidían su reutilización ni existían donatarios. Como era de esperar se viene a autorizar su descongelación con fines de investigación. No sin voluntarismo, e intentando paliar en el futuro esta situación, se limita a **tres** el número de óvulos a fecundar por ciclo, se impone la obligación de consultar Registros en busca de embriones congelados de la pareja antes de iniciarse un nuevo ciclo, y se amplía el periodo de congelación durante toda la vida fértil de la mujer, sosteniendo la prohibición de descongelación con fines distintos a la procreación.

La Ley objeto de este apartado (Ley 14/2006), que deroga las dos anteriores, nuevamente como sus predecesoras viene a justificar la regulación que promueve, en un objetivo aparentemente loable: resolver el problema de la esterilidad de las parejas, sin aludir a la inexistencia de un derecho a la procreación de las mismas. Sin embargo, las decisiones que se asumen son drásticas: solución del problema de los embriones «sobrantes» en los ciclos de tratamiento, recurriendo a su donación con fines de procreación, de investigación, tratamiento médico de terceros y diagnóstico; elevación del concepto de *preembrión* a categoría legal por su inclusión en el art. 1.2; eliminación de límites en cuanto al número de óvulos a fecundar por ciclo, si bien no podrán transferirse al útero más de tres; autorización para la creación de embriones para fines de investigación (Art. 3); autorización para la clonación con fines no reproductivos (terapéuticos, investigación industrialización, etc.); permiso para la selección eugenésica de embriones a través del Diagnóstico Preimplantatorio.

Las objeciones que son oponibles a esta normativa —calificada por sus seguidores de «progresista»—, son tanto de carácter ético-jurídico, como práctico. En todo caso, su repercusión en la forma de modelar la conciencia individual, depende esencialmente del modelo de persona que presupone, pero es importante también analizar si tal modelo, puede resistir un mínimo test de constitucionalidad.

Tanto en un nivel como en otro, el problema ha sido objeto de un amplio debate tanto social como jurídico, dado que alcanza a otras regulaciones posteriores tales como la Ley de Investigación Biomédica o la nueva regulación de la práctica del aborto en España, que serán comentadas más adelante.

En lo que a nuestro objetivo se refiere, el problema se reduce a comprobar si el modelo de persona introducido con la Ley, es admisible a la luz de los conocimientos antropológicos y los que aportan las ciencias biomédicas, y si es compatible con el contenido del artículo 15 CE: *«Todos tienen derecho a la vida»*.

En cuanto a lo primero, hay evidencias rotundas sobre la existencia de un ser humano desde el momento de la fecundación del óvulo[23], por mucho que la Exposición de Motivos de la Ley, reduzca su valor al de mero material biológico hasta el momento en que se alcance la barrera de los catorce días de vida. La Ley vuelve la espal-

---

23 Para ser más precisos, el nuevo ser cobra realidad en el momento de la «singamia» (fusión de los pronúcleos masculino y femenino), lo cual sucede en el plazo máximo de 36 horas después de que el espermatozoide penetre en el citoplasma del ovocito.

da a la realidad, y cuando el derecho no se atiene a la realidad, simplemente deja de ser derecho, porque es *ley inicua*. No plantearemos aquí las pruebas científicas que permiten afirmar la existencia de una vida humana (de un individuo de la especie humana), desde el momento de la fecundación, y del evidente carácter de «*continuum*» que tiene el desarrollo de un ser humano desde su origen. Estas constataciones científicas, impiden poner barreras temporales arbitrarias para conseguir un trato jurídico y ético diferente, antes y después de este arbitrario hito que se fija en las dos semanas de vida, máxime cuando artificialmente se puede proceder a congelar el embrión, impidiendo por la fuerza que alcance su día catorce de desarrollo, por más que hayan transcurrido años desde el momento de la fecundación. Nos remitimos a la tesis doctoral citada, para una más amplia explicación de la problemática.

Evidentemente, si sólo cabe entender que desde el momento de la fecundación nos encontramos con un ser humano único e irrepetible que mantendrá su desarrollo hasta la muerte, es lógico que no quepa más remedio que asumir la inconstitucionalidad radical de la Ley. De otra forma, sería tanto como admitir que a una persona se le puede cosificar haciéndole objeto de donación, tratarla como a un «cobaya humano» para supuesto beneficio de la ciencia y de la técnica, utilizarla para remediar enfermedades de terceros, y llegar incluso a decidir sobre su vida y su muerte en función de las conveniencias del momento, con actuaciones de claro tinte eugenésico. No parece que sea admisible oponer al derecho a la vida, el supuesto derecho de la pareja a procrear. Sobre todo cuando ello conlleva necesariamente a la destrucción de embriones calificados como «*sobrantes*», sin el menor sonrojo. Es más que posible que existan además, inconfesables intereses de los inversores en empresas biomédicas, lo que se puede afirmar a la vista de los importantes rendimientos económicos que se observan, más aquellos que pudieran derivarse en el futuro, en el uso y desarrollo de este tipo de técnicas e investigación.

La ciudadanía no es mayoritariamente partidaria de tal modelo de persona, pero aunque así fuera, habría que concluir racionalmente que se infringen de manera continuada las garantías constitucionales propias de un estado democrático, no sólo al promulgarse la ley, sino al mantenerse prácticas que pugnan con el elemental sentido de justicia. Más adelante tendremos datos para ver si es posible integrar estas actuaciones del legislativo, en un programa preestablecido y estudiado de conformación de una nueva mentalidad social que se impondría, sin que la ciudadanía pudiera evitarlo, por la vía de hecho.

Año 2007
LEY ORGÁNICA 3/2007, DE 22 DE MARZO, PARA LA IGUALDAD EFECTIVA DE HOMBRES Y MUJERES

La ley 3/2007, fue publicada en el B.O.E. de 23 de Marzo de 2007 y entró en vigor al día siguiente de su publicación, a excepción del artículo 71.2 que entraría en vigor el 31 de Diciembre de 2008.

Consta de setenta y tres artículos distribuidos en un Título Preliminar, ocho Títulos, además de treinta y una disposiciones adicionales, once disposiciones transitorias, una derogatoria, y ocho disposiciones finales.

La Ley ha sido objeto del Dictamen 803/2006 del Consejo de Estado de fecha 22 de junio de 2006 (Consejo de Estado, 2006), y del Informe del Consejo General del Poder Judicial de 26 de abril de 2006 (Consejo General del Poder Judicial, 2006). Es de resaltar que en ninguno de los informes se ha apreciado duda de constitucionalidad. La Ley introduce casi literalmente en algunos apartados, el contenido de las Directivas comunitarias sobre la materia.

No obstante y en razón de lo que luego se dirá, se cita textualmente parte de la observación final del Dictamen del Consejo de Estado por su significación y fundamento:

> *«... los enfoques de género requieren un compromiso de todos los actores políticos y sociales afectados, demanda una leal cooperación y coordinación, en todos los niveles, de los agentes responsables en la materia, y exige una labor generalizada de sensibilización y concienciación. Además, se trata de unos objetivos que no pueden alcanzarse con un solo impulso, sino que requieren una estrategia que ha de desarrollarse de forma progresiva y constante, teniendo en cuenta las distintas necesidades y expectativas reales de las mujeres y los hombres y la búsqueda efectiva de un mejor reparto de oportunidades entre unas y otros... la proyectada Ley no puede ignorar que los efectos que persigue no se conseguirán en el mismo momento de su entrada en vigor porque su éxito final dependerá del cambio en la mentalidad y comportamiento de hombres y mujeres en todas las esferas de la vida»*

Es una ley compleja porque afecta ***transversalmente*** —al propio decir del texto en su art. 1.1 y en apartado III de la Exposición de Motivos—, «*... en cualquiera de los ámbitos de la vida y, singularmente, en las esferas política, civil, laboral, económica, social, y cultural»*. Es decir trata «*de la ordenación general de las políticas públicas, bajo la óptica del principio de igualdad y la perspectiva de género...*«, incorporando «*... pautas favorecedoras de la igualdad en políticas como la educativa, la sanitaria, la artística y cultural, de la sociedad de la información, de desarrollo rural y vivienda, deporte, cultura, ordenación del territorio o de cooperación internacional para el desarrollo»*.
Ambicioso objetivo el de eliminar la *discriminación* de la mujer en cualquiera de los ámbitos de la vida, que vendrá a modificar el

ordenamiento legal en múltiples aspectos, con la idea de aplicar el criterio de la *paridad* en cuanto es posible.

Detrás de todas las declaraciones de principios constitucionales que anuncian la Ley, tales como el derecho a la igualdad y no discriminación por razón de sexo, de promover la igualdad del individuo y de los grupos en que se integra, para que sean efectivas y reales, y de la invocación de Convenios y Tratados internacionales, subyace una concepción determinada de la relación hombre-mujer, que implica el reconocimiento de un sistema actual y global que rige dicha relación. Una concepción que se da por acertada y excluyente de cualquier otra valoración que se pueda realizar de esta compleja realidad.

Un acercamiento a esta concepción que justifica la promulgación de la Ley 3/2007, puede obtenerse del informe publicado por el Ministerio de Igualdad el 4 de Marzo de 2009 (Ministerio de Igualdad, 2009).

Hace referencia a la existencia de un *sistema global de género*, que es el que explica y regula la relación hombre-mujer. Según los seguidores de esta idea, la división social del trabajo en la sociedad moderna, ha producido una separación entre el ámbito público (Estado y sociedad), y el ámbito privado (familia), así como de los papeles que hombre y mujer juegan en ellos. La asunción de estos roles, evidencia un mecanismo de identidad para hombres y mujeres. Se concluye así, en que este sistema no es igualitario por naturaleza, y que la desigualdad surge porque los hombres siempre han recibido más recursos materiales, políticos, sociales y culturales que las mujeres. La conclusión inmediata es que hay que actuar contra la dicotomía existente entre la estructura pública y privada y corregir la desigualdad entre hombres y mujeres. Se entiende que es en el ámbito privado donde se producen los servicios de cuidado de los miembros de la sociedad y de las personas dependientes, y que estos servicios son mayoritariamente realizados por mujeres, que quedan más o menos apartadas del ámbito público.

Hasta aquí una somera explicación de la motivación del Gobierno para promulgar la Ley. Dicha motivación, que es discutible en ciertos aspectos, cobra su verdadera significación cuando se atiende a las estrategias de política de género que se pretenden acometer por el Gobierno: la igualdad de oportunidades, la acción positiva, y los cambios estructurales. La igualdad de oportunidades, busca el acceso de las mujeres al mundo público, corrigiendo la «ausencia» de mujeres; la acción positiva, tiende al reequilibrio entre hombres y mujeres en el mundo público; los cambios estructurales consisten en romper con la dicotomía público-privado, evitando la división sexual del trabajo y la incorporación del hombre a los roles tradicionales femeninos.

Sin duda que esta Ley, como otras que bien pudieran relacionarse con ella (matrimonio entre personas del mismo sexo, ley de violencia sobre las mujer, etc.), pretende de manera abierta, aunque lenta, una remodelación de la realidad social, que sólo puede realizarse por medio del cambio de la propia conciencia individual, porque de otra manera sería difícil conseguir la incorporación y la modificación de los roles que se han venido manteniendo históricamente.

Pero la problemática que se introduce en el proceso democrático de nuestro país, surge de la imposición de un análisis de la realidad y de conductas, que no es compartido, y que en ocasiones choca frontalmente con los principios consensuados, sin que exista el adecuado acuerdo y con efectos colaterales importantes. Se trata de una imposición ideológica sustentada en la actividad legislativa de un gobierno coyuntural, cuyas consecuencias pueden ir más allá de lo admisible en una sociedad democrática.

Sería demasiado extenso realizar un análisis detallado del contenido de la Ley, aunque establecidos los motivos básicos de la misma, el lector puede desde su propia mentalidad, juzgar lo que le parezca oportuno. No obstante y a manera de ejemplo que viene a justificar la posición que mantenemos, puede ser interesante plantear el problema y la solución del Tribunal Constitucional (STC 12/2008), ante la Cuestión de inconstitucionalidad 4.069/2007, planteada por el Juzgado de lo Contencioso-Administrativo n° 1 Santa Cruz de Tenerife y el Recurso de inconstitucionalidad 5.653/2007 (acumulados) del Grupo Parlamentario Popular, contra la disposición adicional segunda de la Ley, que modifica el art. 44 bis de la Ley Orgánica 5/1985, de 19 de Junio, del Régimen electoral general.

Tiene interés el caso porque presenta una paradoja que ejemplifica la complejidad del problema abordado por el Gobierno y el deficiente tratamiento del problema que tiene y tendrá repercusiones en todos los órdenes. La aplicación de la disposición adicional segunda de la Ley Orgánica 3/2007, de modificación de la Ley del régimen electoral general, supuso que veintiséis mujeres (dieciséis de la circunscripción de Garachico, y diez en la de Brunete), no pudieran presentarse como candidatas a unas elecciones, **por su condición de mujeres**.

Explicaremos el problema:

La aproximación superficial que el gobierno hace a la solución de la representación política *paritaria*, le lleva a disponer una modificación del Régimen electoral general, según la cual, las candidaturas que se presenten para las elecciones de diputados al Congreso, las municipales, las de miembros de los cabildos insulares, las de diputados al Parlamento europeo, y las autonómicas, deberán tener una composición, que como mínimo represente **un cuarenta por ciento de cada uno de los sexos**. Obviamente, esta medida supone que no será posible en ningún caso presentar una candidatura en la que el número de mujeres sobrepase el sesenta por ciento del total de candidatos, que fue lo que precisamente ocurrió en el caso citado. Pero la paradoja no resume el desacierto, porque éste es de fondo. El sistema democrático español hace residir la soberanía en el pueblo español en su conjunto, siendo electores y elegibles todos los españoles que estén en uso de sus derechos políticos (Art. 68.5 CE). A pesar de ello, quebrando el principio de homogeneidad y unidad del electorado, aparece la condición sexual como una circunstancia que hombres y mujeres no pueden eludir al ejercer su derecho de sufragio. Es decir el legislador, con el fin de facilitar un mínimo de elegidos en cada categoría, divide a los candidatos en cuerpos diferentes que destruyen toda homogeneidad del electorado. ¿Por qué no, dando un paso más, incluir categorías basadas en la lengua, en la raza, en la religión, o en la edad? A pesar de ello la Sentencia desestima ambas iniciativas, declarando ajustada a la Constitución la previsión del Gobierno.

LEY 14/2007, DE 3 DE JULIO, DE INVESTIGACIÓN BIOMÉDICA

La Ley 14/2007, fue publicada en el B.O.E. del día 4 de julio de 2007, entrando en vigor el 5 de julio de 2007. Deroga la Ley 42/1988, de 28 de diciembre, de *donación y utilización de embriones y fetos humanos o de sus células, tejidos u órganos*. Ésta última fue objeto de Recurso de Inconstitucionalidad 596/1989, que fue resuelto por la Sentencia del Tribunal Constitucional 212/1996, de 19 de diciembre. Este recurso tiene interés en el análisis de la Ley 14/2007, pues ésta presenta una regulación menos restrictiva que la derogada, y por lo tanto, debe entenderse que las tachas de inconstitucionalidad opuestas y desestimadas, desaconsejarían plantear un nuevo recurso de constitucionalidad, como ha sucedido. Esta ley ha sido analizada en un contexto amplio en la tesis doctoral ya citada y a la que remitimos al lector para una mayor profundización (TRIGO CALONGE, 2010). No obstante se presentan a continuación algunas conclusiones que tienen interés en el ámbito de este trabajo.

El Preámbulo de la Ley, viene a justificar su elaboración por la supuesta necesidad de fomentar la investigación científica y técnica, con la promesa de mejorar la salud colectiva y el bienestar social, con respeto a la libertad de creación e investigación científica.

Sin duda se olvida que no todo lo que se «puede» hacer, «debe» hacerse. Así algunos países, como resultado de sus avances científico-técnicos, están preparados suficientemente para lanzar un misil nuclear de alto alcance contra un país contrincante, pero desde luego la mera posibilidad de hacerlo, nunca justificaría tal decisión.

Con fundamento en los postulados de la Sentencias del Tribunal Constitucional 53/1985, 212/1996 y 116/1999, viene a afrontar la problemática del tratamiento y uso de los embriones humanos, «... *de acuerdo a una concepción gradualista sobre la protección de la vida humana*».

El Título III contiene la autorización para investigar con embriones vivos que hayan perdido su capacidad de desarrollo biológico, y el art. 28.2, prohíbe que el embarazo tenga como finalidad la donación y posterior utilización de embriones o fetos o de sus estructuras biológicas.

El art. 28.3 atribuye al embrión y al feto un valor diferente, porque en el caso de los fetos expulsados prematura y espontáneamente, en tanto sean viables, se les deben dar los cuidados clínicos necesarios para mantener su autonomía vital.

El art. 29 permite en todo caso la donación de embriones y fetos expulsados, cualquiera que sea su causa (espontánea o provocada), siempre que no pueda actuarse de acuerdo al art. 28.3.

Como se verá posteriormente y el lector conoce por su actualidad, la Ley Orgánica 2/2010, ha venido a permitir el aborto a petición hasta la semana 14 de gestación, sin más requisito que la recepción por la madre de información y la espera mínima necesaria.

Si pone en relación este último hecho con las posibilidades previstas en los art. 28 y 29, se deduce sin lugar a dudas que:

1. Se permite la donación de embriones y fetos de hasta 14 semanas para su utilización en la investigación.
2. Los embriones y fetos procedentes del aborto a petición, podrán ser utilizados con fines de investigación, puesto que en estos casos no hay posibilidad de establecer una finalidad, lo cual deja sin contenido el art. 28.2 antes citado.
3. La obligación de cuidado del feto expulsado del art. 28.3 no tendrá oportunidad de imponerse.

Si como dice la Ley, los embriones y fetos que hayan perdido su capacidad de desarrollo, pueden ser utilizados para la investigación, es lógico que los obtenidos por medio del aborto a petición y hasta las 14 semanas, al no ser viables, sean inmediatamente susceptibles de utilizarse para la investigación. Ténganse en cuenta las técnicas utilizadas y el fin propio de la práctica del aborto, que es deshacerse del feto, con lo que parece innecesario investigar o aclarar el fin explícito de un embarazo, cuando posteriormente se proceda a abortar.

Las conclusiones de este somero análisis, puestas en relación con la promulgación de otras normas que afectan al ámbito biomédico, ponen claramente de manifiesto que se ha impuesto la negación de la existencia de un ser humano en las etapas previas a la implantación, y la negación de la presencia de una persona humana hasta el momento del nacimiento.

La Ministra de Igualdad, en declaraciones realizadas a la Cadena Ser el 19-05-2009, va más allá, al entrar en contradicción con la propia doctrina del Tribunal Constitucional y con la realidad científica demostrable: «... *para mí, un feto de trece semanas, es un ser vivo, claro, pero no podemos hablar de ser humano porque eso no tiene ninguna base científica».*

La arbitrariedad, la incompetencia y la falta de formación puesta así de manifiesto, permiten afirmar que la promulgación de estas leyes contrarias a la realidad científica demostrada, por encima, no ya de minorías discordantes, sino de amplios sectores de la ciudadanía contrarios a ello, implican un manejo de la actividad legislativa, que no sólo vulnera los principios básicos constitucionales, sino que deja entrever un autoritarismo radical, conducente a una modificación paulatina de la conciencia personal y social.

AÑOS 2008 Y 2009

El año 2008 está profundamente marcado por la crisis financiera originada en Estados Unidos a finales de 2007, que vendría a expandirse por toda Europa en forma de crisis económica, afectando de manera particularmente alarmante a España. A pesar de que el Gobierno español niega inicialmente la inmersión de España en la crisis, los hechos vinieron a demostrar que una reacción tardía ante la misma, ha sometido al país a una situación de destrucción económica importante.

Con fecha 14 de Enero de 2008, en una entrevista con periodistas del diario el Mundo, el Presidente del Gobierno afirma que *«la crisis es una falacia. Puro catastrofismo».* Esta afirmación se repetiría posteriormente:

07-02-2008: www.periodismoenlared.com/zapatero-niega-crisis
29-05-2008: www.abc.es-Hemeroteca-29/05/2008
30-06-2008: www.madridpress.com/noticia.asp?ref=75562
07-09-2008:http://video.es.msn.com/watch/video/zapatero-niega-la-crisis-economica/6yv2o4qd

(Todos los enlaces verificados en fecha 15 de Diciembre de 2010)
A pesar de estas declaraciones sostenidas por el Gobierno, y probablemente por la influencia de la celebración de elecciones generales en 2008 (que habría de ganar nuevamente el Partido Socialista Obrero Español), lo cierto es que a legislatura Novena, se inició con la promulgación en 2008 de escasas leyes que no estuvieran relacionadas con la adopción de medidas económicas ineficientes y tardías, las cuales no podían tener otro fin que paliar en lo posible la crisis que ya se cernía sobre España.

Una ojeada al Anexo I, permite justificar la afirmación anterior. La actividad legislativa en 2008, consiste en:

Leyes orgánicas: Ratificación del Tratado de Lisboa; Modificación de la Ley Orgánica del Poder Judicial, respecto a la ejecución en la UE de sanciones pecuniarias.

Leyes ordinarias: Ley para la ejecución de sanciones pecuniarias en la UE; Ley de Presupuestos Generales para 2009; Ley para la participación en beneficio del autor de una obra de arte original; Ley de supresión del gravamen del Impuesto sobre el Patrimonio.

Reales Decretos-Leyes: Determinación del IPREM y crédito extraordinario al Ministerio de Trabajo por importe de 200.000.000 euros para la acogida e integración de inmigrantes; Paquete de medidas de impulso a la actividad económica; Abastecimientos para las zonas afectadas por la sequía; Abono anticipado de las prestaciones por desempleo a los trabajadores inmigrantes que regresen a sus países de origen; Suscripción de un contrato de garantía con el Banco Europeo de Inversiones y ampliación de los límites de los avales previstos en la Ley de Presupuestos de 2008; Creación del Fondo para la adquisición de Activos Financieros; Medidas Urgentes en materia Económico-Financiera en relación con el Plan de Acción Concertada de los países de la Zona Euro; Creación del Fondo Estatal de inversión local y un Fondo Especial del Estado para la Dinamización de la Economía y el Empleo; Medidas financieras para la mejora de la liquidez de las pequeñas y medianas empresas.

Reales Decretos Legislativos: Texto Refundido de la Ley de impacto ambiental; Texto Refundido de la Ley del Suelo.

Como se aprecia, un año dedicado a la economía principalmente, aunque la crisis según el Gobierno, no afectara a España.

Respecto al año 2009, la economía seguirá siendo la principal preocupación del Gobierno, y de la misma forma no se aprecian iniciativas legislativas que puedan afectar de forma clara y directa al tema objeto de este trabajo. El panorama legislado, que se enuncia brevemente a continuación, pone ya de manifiesto una grave preocupación del Gobierno ante el considerable aumento del desempleo y la inactividad económica y financiera.

Leyes Orgánicas: Reforma de la Ley Procesal; Reforma de la Ley de derechos y libertades de los extranjeros en España; Reforma de la Ley de Financiación de las Comunidades Autónomas

Leyes ordinarias: Modificaciones en la Ley del Registro Civil en materia de incapacitaciones y tutela; Regulación de préstamos hipotecarios de entidades no Bancarias; Modificación estructural de entidades mercantiles; Control de precursores de drogas; Modificación de la Ley de Mercado de Valores, disciplina e intervención en las entidades de crédito y el régimen de participación en empresas de servicios de inversión; Modificación del Estatuto legal del Consorcio de Compensación de seguros; Medidas urgentes en materia de telecomunicaciones; Financiación de la Corporación de Radio y Televisión Españolas; Ampliación de los permisos de paternidad; regulación de Sociedades cotizadas en el Mercado Inmobiliario; Regulación del derecho de asilo; Regulación del Programa temporal de protección por desempleo; Contrato de Transporte terrestre de mercancías; Ley de servicios de pago; Acceso libre a las actividades de servicios; Modificaciones a la Ley de Tráfico; Ley para la agilización procesal en materia de alquileres y de la eficiencia energética de los edificios; Creación del Consejo General de colegios oficiales de Ingeniería Informática e Ingeniería Técnica Informática; Regulación de los fondos de compensación interterritorial; Presupuestos Generales del Estado para 2010; Medidas urgentes para la protección de desempleados y fomento de empleo; Sobre garantías y uso de medicamentos y productos sanitarios; Modificación de la normativa sobre competencia desleal y uso de la publicidad en la defensa de consumidores y usuarios.

Reales Decretos-Leyes: Fueron convalidados y figuran en el apartado anterior.

Reales Decretos Legislativos: No existen en 2009.

Refiriéndose al año 2009, el 27 de Diciembre de 2008, el Presidente del Gobierno afirmó que «*...aunque la crisis es fuerte y aún nos quedan momentos duros en los próximos tres o cuatro meses, España saldrá de ella en la segunda parte de 2009*».(Diario El Pais, 2008). Aunque es esperable que en la víspera del día de los Santos Inocentes, no tuviera demasiada credibilidad entre la ciudadanía. Estas declaraciones no fueron óbice para que en una entrevista concedida al Diario El Público el 29-09-2009, afirmara que «*... pero sobre todo, para salir de la crisis con una economía más competitiva, más sólida, mejor preparada para el futuro*», para lo cual, según su declaración, el Ejecutivo cuenta con dos palancas fundamentales «*la Ley de Economía Sostenible y los Presupuestos Generales del Estado para 2010*». No parece evidentemente que se hubieran cumplido sus promesas, incluidas las que dirigió a los ciudadanos con ocasión de la Campaña electoral de 2008.

Dado el contenido específico de la normativa de este bienio, en este apartado no se realizará el análisis de ninguna norma promulgada.

Año 2010
LEY ORGÁNICA 2/2010, DE 3 DE MARZO, DE SALUD SEXUAL Y REPRODUCTIVA Y DE LA INTERRUPCIÓN VOLUNTARIA DEL EMBARAZO

La Ley fue publicada el día 4 de marzo de 2010 en el Boletín Oficial del Estado, entrando en vigor el día 5 de julio de 2010. Deroga el art. 417 *bis* del Texto refundido aprobado por el Decreto 3096/1973, de 14 de septiembre (Código Penal de 1973 derogado no totalmente por la Ley Orgánica 10/1995, de 23 de noviembre, del Código Penal), que aún estaba vigente, y que fue introducido por la Ley Orgánica 13/1985, de 5 de julio, para regular la despenalización del aborto, inaugurando el «sistema de indicaciones».

Nuevamente debemos remitir al lector para un estudio más detallado de las implicaciones de esta norma, a la tesis doctoral citada anteriormente (TRIGO CALONGE, 2010).

La ley viene a introducir en España el derecho al «aborto a petición» hasta la semana 14 de gestación. Además permite el ejercicio de este nuevo derecho a mujeres desde los dieciséis años, sin que sea necesariamente obligado el permiso de los padres o tutores. La ley así mismo, mantiene un sistema amplio de indicaciones que permite ampliar el plazo del ejercicio de este supuesto derecho:

- Hasta la semana veintidós cuando exista grave riesgo para la salud o la vida de la embarazada, y cuando exista riesgo de graves anomalías en el feto.
- Sin límite, cuando se detecten en el feto graves enfermedades incurables

Por lo demás, el aborto a petición se conforma legalmente dentro de las prestaciones sanitarias.

La ley viene a ahondar en la desprotección de la vida humana en formación, inaugurada ya con la introducción en el Código Penal de 1973 del artículo 417 *bis*. Dicha modificación despenalizaba el aborto practicado según el sistema de indicaciones, si bien tuvo que ser atemperada a las conclusiones de la Sentencia del Tribunal Constitucional 53/1985, de 11 de abril, en cuestiones puramente formales tales como la definición de la especialidad del médico interviniente como del lugar y forma en que debe practicarse el aborto. Dicha Sentencia si bien afirma la protección que el artículo 15 CE dispensa al no nacido, le niega el derecho a la vida, considerándole un «bien jurídico» protegido. La consecuencia inmediata es la necesidad de «ponderar» esta protección constitucional «leve» del no nacido frente a los derechos y libertades de la mujer. Como era de esperar esto significa que la vida de la mujer prevalece sobre la del futuro hijo. Aún reconociendo que el Tribunal Constitucional plantea la necesidad de respetar al no nacido, en contra de los criterios científicos y antropológicos permite en los casos previstos en la ley y dentro de los plazos que se fijan, la práctica impune del aborto.

En contra de esta doctrina, la nueva Ley del aborto de 2010 otorga a la mujer una capacidad de decisión (dentro de unos plazos) que le permite disponer libremente de la vida del nuevo ser. La doctrina referida había dejado sentado que era necesario estar ante un serio conflicto que urgiera a ponderar entre el valor del bien jurídico penalmente protegido y los derechos de la mujer. La nueva Ley es abiertamente inconstitucional en tanto que deja en manos de la mujer la protección de un bien jurídico cuya titularidad corresponde al Estado.

Contra toda evidencia empírica, la Ley ya en su Preámbulo, afirma que el feto forma parte del cuerpo de la madre, y en contradicción con la propia Sentencia 53/1985, que afirma que la vida humana es un continuo, que determina con la gestación un *tertium* distinto del cuerpo de la madre.

La constatación desde la doctrina constitucional de que la vida del no nacido debe ser protegida por el Estado y que lo que hasta ahora era considerado un delito deje de serlo por imperativo legal, implica la dificultad de reconocer la existencia de un derecho de la mujer al aborto. Las consecuencias inmediatas que debemos extraer son: inseguridad jurídica y apartamiento del funcionamiento normal del Estado de derecho, al promoverse, y sobre todo, al aprobarse iniciativas legislativas contrarias al ordenamiento jurídico y la doctrina constitucional. Ni que decir tiene que el debate social abierto ante la problemática del aborto, es lo suficientemente cruento para que no quepa invocar consenso alguno, y que por el contrario se pueda afirmar que nuevamente, el sistema democrático hace aguas por todos los costados.

REAL DECRETO 1673/2010, DE 4 DICIEMBRE, POR EL QUE SE DECLARA EL ESTADO DE ALARMA PARA LA NORMALIZACIÓN DEL SERVICIO PÚBLICO ESENCIAL DEL TRANSPORTE AÉREO

No podemos concluir este breve análisis de la normativa promulgada en el Sexenio 2004-2010, sin hacer referencia a los acontecimientos y al proceder del Gobierno de España durante los primeros días del mes de Diciembre de 2010. Si bien la norma que se analiza no es de rango legal, sino reglamentario, por su naturaleza e implicaciones puede ser incluida excepcionalmente en este apartado.

El sábado 4 de Diciembre, el Ejecutivo ordenó publicar el Real Decreto 1673/2010, por el que se declaraba el estado de alarma. Entró en vigor instantáneamente, con su publicación. Se justifica tal medida excepcional, según su propio texto, en el artículo 19 CE —que pro-

clama el derecho de los españoles a la libre circulación por el territorio—, y la conducta de abandono del servicio de los controladores
que ha originado la necesidad de cerrar el espacio aéreo, con la consecuencia inmediata de que se impide el ejercicio de tal libertad, y
produce graves perjuicios sobre un elevado número de ciudadanos.

Al amparo de la Ley Orgánica 4/1981, de 1 de junio, de los Estados
de Alarma, Excepción y Sitio, se declara el estado de Alarma. El ámbito del mismo comprende en todo el territorio nacional, a las torres de
control de la red aeroportuaria y los centros de control dependientes
del organismo AENA. En lo referente al ámbito subjetivo, todos los
controladores aéreos pasan a tener **la condición militar**, quedando
sometidos a las órdenes de la autoridad competente (Jefe del Estado
Mayor del Ejército del Aire), y a las leyes penales y disciplinarias militares. La situación se mantendrá por quince días naturales.

Es necesario hacer una cronología breve del conflicto para comprender el alcance de la situación:

11 de Enero de 2010: Después de las tensiones mantenidas a finales del año 2009, entre el sindicato de controladores USCA y el Ministro de Fomento y dirección de AENA, el Sindicato y AENA reanu-
dan las negociaciones del convenio colectivo del sector.

03 de Febrero de 2010: AENA y USCA se acusan mutuamente de
haber cerrado las negociaciones sin llegar a un acuerdo.

05 de Mayo de 2010: El Consejo de Ministros aprueba el Real
Decreto-Ley 1/2010, que devuelve a AENA la capacidad de Gestión
y de Control del tráfico aéreo, que estaba en manos de los controladores desde la entrada en vigor del primer convenio colectivo en
1999. Convenio caducado desde diciembre de 2004, fecha prevista
para su fin de vigencia y que debe ser sustituido por otro. Se prevé la
facultad del Ministerio de Fomento para designar terceros provee-
dores de servicios aéreos que cuenten con las licencias apropiadas;
Se suspende el derecho a obtener la licencia especial retribuida y se

limita el horario anual máximo a 1.750 horas, que incluyen descansos, guardias e incidencias.

15 de Abril de 2010: Entra en vigor la Ley 9/2010, de 14 de abril, que convalida y deroga el Decreto-Ley 1/2010, manteniendo prácticamente todas sus disposiciones.

12 de Mayo de 2010: La Audiencia Nacional desestima la demanda de conflicto colectivo interpuesta por el sindicato contra la nueva Ley.

05 de Agosto de 2010: Por medio del Real Decreto 1001/2010, de 5 de agosto el Gobierno fija el periodo máximo de actividad aeronáutica anual en 1.670 horas, más 80 horas extraordinarias. (La actividad aeronáutica incluye la actividad operacional, descansos parciales, el periodo de imaginaria computable y el tiempo dedicado a la formación de unidad gestionando tráfico aéreo real).

13 de Agosto de 2010: AENA y USCA firman un preacuerdo según el cual, los controladores aceptarían las condiciones laborales impuestas por el Ministerio de Fomento, a cambio de flexibilizar las jornadas en función de la carga de trabajo en cada centro.

03 de Diciembre de 2010: El Ejecutivo por medio del Real Decreto 1611/2010, entrega el control de la navegación aérea al Ministerio de Defensa.

03 de Diciembre de 2010: Por medio del Real Decreto-Ley 13/2010, de actuaciones en el ámbito fiscal, laboral y liberalizadoras para fomentar la inversión y la creación de empleo, el Gobierno, decide la creación antes del 28 de Febrero de 2011, de AENA AEROPUERTOS, SA, una entidad mercantil de titularidad estatal, en la que cabrán aportaciones de capital privado, aunque manteniendo siempre el control por mayoría, a favor de Estado. Inicialmente esta empresa asumirá el conjunto de obligaciones y funciones que corresponden hoy a AENA, en materia de gestión y explotación de los servicios aeroportuarios, contratando los servicios de tránsito aéreo, subrogándose en todos los contratos laborales y de forma expresa la del perso-

nal dedicado a funciones aeroportuarias, personal al que les seguirá siendo de aplicación los convenios colectivos vigentes.

04 de Diciembre de 2010: Se declara el estado de alarma por medio del Real Decreto 1673/2010, de 4 de diciembre.

Sea lo que fuere lo que condujo al Gobierno a recurrir a declarar el Estado de Alarma y la movilización de los trabajadores de las torres y centros de control de vuelo; sea cual fuere la realidad de los hechos, y el desencadenante causal de los mismos y dejando a un lado las especulaciones aparecidas en la prensa durante los primeros día del mes de Diciembre de 2010 acerca de la eventual existencia de una provocación a los controladores; hay que reconocer que sólo los Tribunales son competentes para aclarar lo realmente sucedido y declarar las responsabilidades a que hubiere lugar.

No obstante y desde un punto de vista objetivo, es posible realizar un análisis de la medida tomada.

El artículo 116 CE, después de prever la necesidad de regular los estados de alarma, excepción y sitio por medio de ley orgánica, faculta al Gobierno para declarar el estado de alarma por plazo de quince días, dando cuenta al Congreso, sin cuya autorización, no podrá ser prorrogado. Concluye el artículo 116, con el apartado 6 en el que se afirma que el principio de responsabilidad del Gobierno y sus agentes no será modificado por la declaración del estado de alarma, excepción o sitio.

La ley orgánica a la que se refiere el artículo 116 CE, es la Ley Orgánica 4/1981, de 1 de junio, de los Estados de Alarma, Excepción y Sitio. En su artículo primero, se dice que tales estados sólo procederán, cuando circunstancias extraordinarias hiciesen imposible el mantenimiento de la normalidad mediante los poderes ordinarios de las autoridades competentes. En el Capítulo II, se regula el Estado de Alarma (Artículos 4 a 12). El artículo 4, enumera los casos en los que es posible la declaración del estado de alarma:

a. Catástrofes, calamidades o desgracias públicas, tales como terremotos, inundaciones, incendios urbanos y forestales o accidentes de gran magnitud.

b. Crisis sanitarias, tales como epidemias y situaciones de contaminación graves.

c. Paralización de servicios públicos esenciales para la comunidad, cuando no se garantice lo dispuesto en los artículos 28.2 y 37.2 de la Constitución, y concurra alguna de las demás circunstancias o situaciones contenidas en este artículo.

d. Situaciones de desabastecimiento de productos de primera necesidad.

(Artículo 4 Ley 4/1981).

Los artículos 28.2 y 37.2 CE, se refieren a la necesidad de que una Ley regule el ejercicio al derecho de huelga, para asegurar el cumplimiento de los servicios esenciales. Es de destacar, que el apartado c) del artículo 4 de la Ley 4/1981, supone que se paralicen servicios esenciales y concurrentemente que se produzca alguna de las situaciones a), b) o d). Obviamente en el momento de dictarse el decreto, ninguna de estas circunstancias eran las que se estaban produciendo. A pesar de ello, suponemos que en una interpretación amplia del precepto, el Gobierno encuentra acomodo en los apartados a) y d) tal y como se aprecia en el texto del art. 1 del Real Decreto 1673/2010.

La consecuencia inmediata de ello se apreciará tras exponer el contenido de algunos preceptos reguladores del Estado de Alarma.

El apartado uno del artículo 9 de la Ley 4/1981 dice:

«Por la declaración del Estado de Alarma todas las autoridades civiles de la Administración Pública del territorio afectado por la declaración, los integrantes de los cuerpos de policía de las Comunidades Autónomas y de las corporaciones locales, y los demás funcionarios y trabajadores al servicio de las mismas, quedarán bajo las órdenes directas de la autoridad competente en cuanto sea necesario para la protección de personas, bienes y lugares, pudiendo imponerles servicios extraordinarios por su duración o por su naturaleza».

Y el apartado uno del artículo 10:

Uno. El incumplimiento o la resistencia a las órdenes de la autoridad competente en el Estado de Alarma será sancionado con arreglo a lo dispuesto en las Leyes.

Y el apartado dos del artículo 12:

*«Dos. En los casos previstos en los apartados C) y D) del artículo cuarto el Gobierno podrá acordar la intervención de empresas o servicios, así como **la movilización de su personal**, con el fin de asegurar su funcionamiento. Será de aplicación al personal movilizado **la normativa vigente sobre movilización** que, en todo caso, será supletoria respecto de lo dispuesto en el presente artículo».*

Por su parte el artículo 44 de la Ley 48/1960, de 21 de julio, sobre Navegación aérea dice:

*Sólo podrá autorizarse a Corporaciones, Entidades o particulares que tengan la nacionalidad española la instalación de aeropuertos o aeródromos privados que habrán de reunir los requisitos que previamente determine, en cada caso, el Ministerio del Aire. Todos ellos se someterán a las servidumbres que se establezcan, **y a efectos de movilización dependerán de la Jefatura Militar Aérea en cuya demarcación se encuentren**.*

Es de resaltar que actualmente no existe norma vigente para la movilización de civiles, dado que la Ley 50/1969, de 26 de Abril, Básica de Movilización Nacional, fue derogada por la vigente Ley 39/2007, de 19 de noviembre, de la carrera militar, por su Disposición Derogatoria Única, sin que haya sido sustituida.

A la luz de estos preceptos que son invocados por el actual Decreto que declara el Estado de Alarma, en concreto por su artículo 3, referido al ámbito subjetivo:

> « En virtud de lo dispuesto en los artículos 9.Uno y 12.Dos de la Ley Orgánica 4/1981 en relación con el artículo 44 de la Ley 48/1960, de 21 de julio, sobre Navegación Aérea, todos los controladores de tránsito aéreo al servicio de AENA pasan a tener, durante la vigencia del Estado de Alarma, la consideración de personal militar a los efectos de lo previsto en el artículo 10.Uno de la citada Ley Orgánica y en consecuencia, quedan sometidos a las órdenes directas de las autoridades designadas en el presente real decreto, y a las leyes penales y disciplinarias militares, de conformidad con lo dispuesto en el artículo 8.5 de la Ley Orgánica 13/1985, de 9 de diciembre».

Caben serias dudas sobre la legalidad y la constitucionalidad del mismo, dado que:

a) Se hace una interpretación amplia de los casos en que cabe la declaración del Estado de Alarma.

b) Se somete a parte de la población civil a la autoridad militar y las leyes penales y disciplinarias militares, invocando directamente el Código de Justicia Militar, sin que existe norma sustantiva que pueda regular la movilización de civiles.

El lector podrá sacar sus propias conclusiones, pero lo cierto es que tanto la derogación de la Ley de Movilización Nacional, como la de los propios Decretos que vienen a sustituir el Convenio Colectivo de los controladores, suponen un deficiente modo de prever la situación, que probablemente ha llevado al Gobierno, a la necesidad de imponer una medida excepcional cuyas consecuencias pudieran tener más alcance que el aparente, y sobre todo porque no ha resuelto un conflicto de naturaleza laboral que tiene extraordinaria repercusión en la normalidad de la circulación aérea en un momento económico poco propicio.

IV. LA BASE IDEOLÓGICA DE LOS GOBIERNOS DEL SEXENIO 2004-2010

El objetivo de este trabajo, como ya se adelantó en las primeras páginas, no es otro que evaluar si la situación de la democracia en España, es tal que permite asegurar la necesaria participación, el respeto a las minorías y el grado de eficacia de las garantías constitucionales, a través del análisis de la legislación reciente más significativa y sus avatares. Se trata en cierto sentido de evaluar el Estado Democrático-Social de Derecho, a la luz de acontecimientos legislativos, y en la medida de lo posible, averiguar si de ello se deriva la existencia de estrategias deliberadas para imponer determinada ideología o modo de responder a la realidad.

En las páginas anteriores se ha expuesto el problema esencial del derecho, los interrogantes básicos a los que debe someterse una evaluación del proceso democrático, y un análisis de los hechos legislativos que deben poner de manifiesto la opción real acometida por los Gobiernos y los representantes populares.

Una adecuada comprensión de la significación de las iniciativas del Ejecutivo en estos años, requiere el análisis del modo en que se llega al poder y de los elementos de práctica y teoría política que el Gobierno ha asumido o intentado plasmar en las legislaturas.

De esto último, se ocupa el presente Capítulo.

LA «*NEW WAY*» DEL PSOE Y LA NOMINACIÓN DE CANDIDATO A LA PRESIDENCIA DEL GOBIERNO EN LAS ELECCIONES DE 2004

La realidad española, pasada la primera época transitoria desde la promulgación de la Constitución de 1978, ha venido caracterizada por un bipartidismo imperfecto, propiciado por el reparto del voto de la gran mayoría de los electores entre dos grandes partidos (el Partido Socialista Obrero Español y el Partido Popular —antes Alianza Popular—). El resto se dirige a pequeños partidos, la mayor parte nacionalistas, que representan en la actualidad aproximadamente un diez por ciento de los votos.

Los Gobiernos de la Transición se puede decir que concluyen, cuando el Partido Socialista Obrero Español gana las elecciones generales de 1982, siendo candidato a la Presidencia, Felipe González Márquez. Este éxito se repetirá en cuatro ocasiones consecutivas. El año 1996, la candidatura de Felipe González es derrotada —con una mínima ventaja—, por el Partido Popular que presentaba como candidato a la Presidencia, a José María Aznar; Aznar conseguirá vencer en las elecciones generales del año 2000 al candidato socialista Joaquín Almunia, alcanzando la mayoría absoluta en el Congreso. El año 2004 de nuevo el Partido Socialista con José Luis Rodríguez Zapatero como líder, vence en las elecciones generales, lo que conseguirá de nuevo el año 2008.

La posición ideológica de Felipe González ha venido a ser considerada acorde a la *socialdemocracia clásica*. Los principales hitos de sus Gobiernos son: la consolidación del sistema político, la contribución al desarrollo de un incipiente estado del «Bienestar» en España, la modernización del Estado y la entrada en la Unión Europea en 1986 y en la OTAN, en 1988. Estos logros, probablemente fueron favorecidos por las estrechas relaciones que el Presidente González mantuvo con el Canciller alemán Helmut Kohl y el Presidente de la República Francesa, François Miterrand. La convocatoria de varias huelgas generales, la gran controversia suscitada por las privatizaciones que afectaban a la industria y a la energía, algunos episodios de corrupción institucional, y el descubrimiento de cierta complicidad con iniciativas calificadas de terrorismo de Estado (GAL), entre otros acontecimientos, conducen inexorablemente al fin de la vida política de Felipe González.

Así en 1996, dos años después de haber ganado las elecciones de 1994, Felipe González es vencido con un estrecho margen del 1 % por José María Aznar, que conseguiría dar un importante impulso al Partido Popular. A pesar de ello, el 39 % de los votos suponía una débil fuerza que probablemente llevó al nuevo Presidente a pactar con los partidos nacionalistas del País Vasco y Cataluña. Sin embargo la victoria en las elecciones del año 2000, consiguiendo el 44 % de los votos, (diez por ciento por encima del PSOE), permitió al Partido Popular obtener la mayoría absoluta del Congreso; esta situación favorecería llevar adelante su programa con cierta independencia. Como ya se ha expuesto, en esta ocasión resultaría derrotado el socialista Joaquín Almunia, que mantenía posiciones semejantes a su predecesor en el partido.

Los logros principales de José María Aznar, son de carácter económico: incremento del empleo, eliminación del déficit público, minimización de la inflación, privatización de empresas estatales y reducción de los impuestos. Si bien no se presentó como candidato a las elecciones de 2004, la caída del Partido Popular está seguramente relacionada con: su cercanía a las tesis sobre política internacional del Presidente norteamericano George Bush; su decisión de que España participara en la Segunda Guerra de Irak; y los acontecimientos que ocurrieron en Madrid, el 11 de marzo de 2004, tres días antes de las votaciones correspondientes a la VIII Legislatura.

Este contexto tiene interés por tres motivos:

a) porque José Luis Rodríguez Zapatero (según sus propios comen-
    tarios), siempre tuvo como prioridad distinguirse, tanto de José
    María Aznar, como de Felipe González;
b) porque pudo aprender de los fracasos de José Borrell y Joaquín
    Almunia (ambos cercanos ideológicamente al antiguo presiden-
    te), en su acceso a la candidatura del PSOE;
c) porque el PSOE, inmerso en una crisis provocada por su aleja-
    miento del poder, necesitaba una cierta renovación ideológica a
    la luz de los resultados obtenidos en las elecciones del año 2000.

El fracaso electoral del PSOE en las elecciones generales del año
2000, viene a abrir una profunda crisis en el partido, que es (a la luz de
los resultados de las primarias socialistas), el detonante del triunfo de
José Luis Rodríguez Zapatero como candidato a la Secretaría General. Dicho triunfo no es ajeno a la adopción de una estrategia política
interna adecuada, en aquellas circunstancias tan especiales por las
que pasaba el partido.

En el contexto internacional, la crisis del Estado del bienestar
reconocida en los años 90 y la caída del Muro de Berlín, con su con-
siguiente efecto de pérdida de referencias para la izquierda, confir-
man la inexistencia de alternativa al liberalismo o neoliberalismo
propugnado por los gobiernos europeos más fuertes. Se opta por la
abstención máxima del Estado y por otorgar la libertad más amplia
de mercado. En esta situación, a finales de los 90, ascienden al poder
algunos políticos socialdemócratas de relevancia, como Tony Blair
en el Reino Unido, Lionel Jospin en Francia, o Gerhard Schröder en
Alemania. Estos líderes deberán afrontar, partiendo de una realidad
política y económica claramente neoliberal, la tarea de construir desde la izquierda, una *Tercera Vía*, reformando la tradicional socialde-

mocracia y reformulando el Estado del Bienestar. Esta Tercera Vía, es una fórmula intermedia entre el neoliberalismo y la socialdemocracia tradicional, sin abandonar los valores que habían guiado a la izquierda durante decenas de años: democracia, libertad, justicia e internacionalismo. Finalmente, la Tercera Vía, es criticada duramente como una abdicación frente al liberalismo, hasta el punto que se llegó a identificar como una variante del *Thatcherismo*.

Con este panorama y en medio de la profunda crisis del PSOE sobrevenida como resultado del importante revés electoral del año 2000, surge en el seno del partido, una corriente que será denominada NUEVA VÍA, encabezada por José Luis Rodríguez Zapatero. La nueva corriente debe separarse, tanto de las ideas de Felipe González, como de las de José María Aznar. Para ello necesita adoptar una nueva idea de libertad y democracia, un nuevo *talante* de respeto y diálogo libertario en el trato político, emulando de cierta manera la intención de renovación de la socialdemocracia apreciada en la Tercera Vía, aunque en su contenido nada tenga que ver. La Tercera Vía no podía ser asumida por el PSOE, en primer lugar por la proximidad a las ideas de Felipe González, y en segundo lugar porque Tony Blair, había mantenido un estrecho contacto y acuerdo con José María Aznar en cuanto a política internacional.

Pocos meses después del desastre de las elecciones de marzo del 2000, en el XXXV Congreso del PSOE se ha de elegir un nuevo Secretario General, y existe la percepción de que es necesario un cambio profundo si se pretende regresar al poder. Varios grupos presentan sus propios candidatos: José Bono, representando la opción tradicional cercana a Felipe González; Matilde Fernández, del sector denominado *reformista;* Rosa Díez, eurodiputada y José Luis Rodríguez Zapatero, encabezando un grupo minoritario denominado *Nueva Vía*. En este minoritario grupo se integrarán socialistas de poca antigüedad, que no habían participado en los Gobiernos de Felipe

González. José Luis Rodríguez Zapatero, cuyo *curriculum* práctico se reduce a su papel de diputado por el PSOE desde los 26 años, era un desconocido para la sociedad española y aún se podría decir para su propio partido. Con todo, ganó las primarias.

Pocos meses después de su elección, en el mes de octubre de 2000, José Luis Rodríguez Zapatero aparece en el Club Siglo XXI, y expone su ideas sobre el contenido del *nuevo socialismo*: la modernización de España; la introducción de una nueva forma de hacer política basada en el respeto y el diálogo (*talante*); la auténtica igualdad de oportunidades; la atención principal a los más dependientes; la desaparición de las desigualdades y la promoción de **la autonomía individual**. Estas ideas se cuentan entre las líneas básicas de la política que propone. En Julio de 2003, se dirige a su partido, proclamando dichas ideas en un contexto de buenas formas y disposición al diálogo. Su objetivo: **El cambio profundo del partido y de la sociedad española**.

Sin embargo este ideario carecía de la mínima solvencia filosófica. Ante esta carencia esencial, surge la posibilidad de aprovechar la doctrina de Philip Pettit sobre el *Republicanismo cívico*(PETTIT, 1997), como sustento ideológico de la *nueva opción socialista*.

EL REPUBLICANISMO CÍVICO

Philipp Pettit, de origen irlandés, es profesor de Política y Valores Humanos en la Universidad de Princeton (Nueva Jersey), donde enseña teoría política y filosofía desde el año 2002. Es autor de una decena de libros sobre teoría política y filosofía.

Zapatero tomó contacto personal con Pettit el año 2004, una vez ganadas las elecciones. Sin embargo, su conocimiento de la obra principal de Pettit, data de 1999, cuando al parecer «descubre» que la ideología con que se fundaría la corriente *Nueva Vía*, podría ser la versión del *Republicanismo cívico* del profesor Pettit. Como se ha comentado anteriormente, después de ser elegido Secretario General del PSOE, explicó a los miembros de su partido en repetidas ocasiones las ideas de Pettit. Una vez en el Gobierno se propuso llevar a la práctica los principios teóricos de quien considera su filósofo político de referencia.

Pettit realizó una intensa gira por España en Julio de 2004. Impartió cursos en El Escorial, conferencias en el Círculo de Bellas Artes de Madrid y en el Centro de Cultura Contemporánea de Barcelona. Las ideas básicas del *Republicanismo Cívico*, propugnadas por Pettit son las siguientes(MARTÍ J.L. y PETTIT, 2010):

- El Republicanismo se fundamenta en la afirmación de la libertad del ciudadano que en ningún caso puede ser tratado como súbdito. Nadie tiene derecho a decidir sobre la vida o la libertad de otro. La idea central es la erradicación de cualquier forma de dominación.

- La libertad como no-dominación: La libertad es incompatible con el sometimiento a la voluntad arbitraria o incontrolada de otros. La dominación puede provenir tanto de grupos privados (*dominium*), como del propio poder establecido (*imperium*).

- El control para evitar el dominio de los grupos privados puede ser ejercido por el propio Estado, ¿pero quién limita el poder del Estado? A decir de Pettit, serían los medios de comunicación libres, la transparencia informativa, y los ciudadanos a través de sus propias organizaciones, en tanto puedan hacerse oír en los medios.

- Es importante que el Estado garantice la independencia de los medios de comunicación, y la pervivencia de voces discordantes. Una voz monolítica del pueblo es siempre desastrosa, el pueblo debe ser plural, lo cual supone un delicado equilibrio y un proceso continuo de control.

- La monarquía es compatible con el republicanismo, porque un Rey que se somete a la ley y al Estado de derecho, en realidad configura una república.

- La buena ley genera buenos hábitos y viceversa, por lo que es necesario promover este círculo.

- La inexistencia de contrapoder frente a EEUU es peligrosa, por lo que los países más pequeños deben asociarse, y a la Unión Europea no le queda más salida que mantenerse firme con vocación de contrapoder.

- Hay tres principios básicos en democracia: elecciones por periodos limitados, separación de poderes y estado de derecho.

Son significativas, por poner en evidencia una relación maestro-discípulo entre Zapatero y Pettit, las declaraciones realizadas por éste último a la prensa española:

«Le dije a Zapatero en público y también en privado, que lo que requiere su Gobierno es humildad, la suficiente como para crear los mecanismos sociales de control, y no solamente darles apoyo económico y legal, sino hacerlos realmente independientes y fuertes, y aceptar con humildad que esos cuerpos, que han ayudado a crear, se conviertan en su peores críticos, los más duros.

La respuesta que me dio el Presidente fue que me invita a Madrid a que examine su Gobierno dentro de tres años, seis meses antes de las próximas elecciones, para comprobar si ha sido fiel a esas ideas».(FORUM LIBERTAS, 2004)

Es decir, el mismo año 2004 en el mes de Julio, José Luis Rodríguez Zapatero, invita a Pettit, para que el año 2007, seis meses antes de concluir su mandato, hiciese una evaluación de hasta qué punto la gestión del Ejecutivo hubiera podido plasmar en la práctica las ideas del Republicanismo cívico.

Dicha evaluación se adelantó en el tiempo parcialmente (en junio de 2006), con ocasión del encuentro entre *maestro* y *discípulo* en la Moncloa. A petición de la revista Tiempo (MARTIN, 2006), Pettit hizo un balance sobre las actuaciones del Ejecutivo desde el punto de vista del modelo republicano. Pettit mostró una opinión favorable a la gestión del Presidente español, señalando lo que a su juicio eran importantes logros que la habían aproximado al ideal del Republicanismo: el rechazo a la Guerra de Irak; el diálogo entablado sobre el modelo territorial español; el liderazgo mostrado en temas como la violencia doméstica, o los derechos de los homosexuales; la Ley de Dependencia; los puentes pacificadores tendidos hacia Suramérica y Europa. A la vez destaca dos grandes déficits: *la educación* y *el atraso tecnológico*.

El análisis más detallado de la posición de Pettit sobre la gestión de los Gobiernos de José Luis Rodríguez Zapatero, puede encontrarse en su obra, publicada en colaboración con José Luis Martí. (MARTÍ J.L. y PETTIT, 2010), que incluye una entrevista realizada por Pettit a Zapatero y a la que remitimos al lector.

UNA CRÍTICA AL CONCEPTO REPUBLICANISTA DE LOS GOBIERNOS DE ZAPATERO

A nuestro juicio, la adopción por la corriente socialista *Nueva Vía* y por los Gobiernos de Zapatero de los ideales del Republicanismo cívico de Pettit, no ha sido beneficiosa para el prestigio de las ideas del profesor.

Algunas de las ideas planteadas en el ideario del Republicanismo, son coincidentes —al menos en el papel—, con parte de las ya expuestas en el capítulo II: la necesidad del estado de derecho, la participación ciudadana, el respeto a las minorías, la defensa del pluralismo, etc. Sin embargo, del análisis de las leyes promulgadas se deduce que la plasmación de tales ideales realizada por los gobiernos del Sexenio, ha sido, las más de las veces, radicalmente opuesta a los postulados básicos de defensa de la libertad como no-dominación, de la autonomía ciudadana, del pluralismo o de las garantías del estado de derecho. Dos pueden ser las causas y no excluyentes, para que se hayan producido estos resultados.

Por un lado, bien pudiera ser que «el discípulo» no haya asimilado, ni suficiente ni adecuadamente, el ideario del Republicanismo y por tanto lo que ha plasmado en la práctica es algo muy diferente. En apoyo de esta idea hay un hecho significativo: a raíz de la crisis económica que se produce en España, se observa una total paralización del Gobierno de Zapatero, lo cual ha llevado a una grave situación en España.

Pero, en segundo lugar, es necesario ahondar en el propio ideario de Pettit, por si hubiera algún desajuste de *origen* en la teoría, que pueda explicar cómo la gestión del Gobierno, intentando seguir la línea ideológica del Republicanismo, puede conducir a semejante alejamiento de los valores propugnados.

Este ideario, como hemos podido apreciar se basa esencialmente en combatir el liberalismo desde su propio terreno: **la libertad**.

Sin olvidar la defensa y promoción de la igualdad —propia del socialismo clásico—, se sitúa en primer plano el problema de la dominación y la autonomía individual. La defensa de la libertad no se encuentra principalmente en la elusión del intervencionismo del Estado, sino más bien en la lucha contra la dominación y la arbitrariedad entre los grupos privados (*dominium*). El propio Estado debe mantener una política preventiva, no ya de la dominación, sino más radicalmente evitando su mera posibilidad. La consecuencia lógica es inmediata: el Estado debe utilizar toda su capacidad coactiva (legal), a la vez que garantiza que no incurrirá en la arbitrariedad. Esta última garantía habrá que obtenerla de una ciudadanía «hiperactiva y plural», lo cual puede explicar la potenciación desde el Gobierno de determinados grupos sociales como los feministas, los ecologistas, los pacifistas, los homosexuales, etc., relegando a otros grupos defensores de valores con raigambre y tradición.

La concepción de libertad como «no-dominio», es sin duda sugestiva, pero no contempla el concepto en toda su extensión. Como dice LOPEZ QUINTÁS (LOPEZ QUINTÁS, 2009), la auténtica libertad no es la *libertad de maniobra*, entendida como la capacidad de librarse de trabas e interferencias, para hacer en cada momento lo que a uno le viene en gana. La libertad es verdadera en tanto se desapega de los propios intereses y apetencias, y nos permite elegir aquellas acciones que más nos acercan a nuestros propios ideales de vida. La libertad supone necesariamente, un ejercicio de responsabilidad. El que se acoge al ideal, se ve alentado por su propia fuerza, y **responde** a la llamada de los grandes valores: la bondad, la belleza, la justicia y la verdad.

La exacerbación de la autonomía individual como negación del dominio arbitrario de las personas, conduce directamente a que cada ciudadano, en su individualidad, pueda diseñar sus exclusivos valores éticos, sin que haya lugar a tener en cuenta la existencia de valores objetivos de la colectividad (algunos descubiertos a fuerza de siglos de historia). Se olvida que la libertad exige también una decisión, una opción, a favor de una referencia moral, sea individual o colectiva.

Se puede apreciar desde este punto de vista, que el modelo del Republicanismo olvida que la necesaria decisión a favor de un bien o valor moral objetivo, supone reconocer que la libertad *depende* de otros factores. Esta dependencia de la libertad, contradice radicalmente el ideario del republicanismo. Sin esa dependencia esencial, sin el reconocimiento de que la libertad no se autogenera, no depende exclusivamente de ella misma, la sociedad tiende directamente a su aniquilación(DOMINGO OSLÉ, 2010).

Las consecuencias de este defecto teórico del modelo del republicanismo, permiten confirmar la tesis inicial de este trabajo: no es difícil imaginar y apreciar a través de la propia trayectoria legislativa, la presencia de un plan programado para que la ley cree determinados hábitos favorables al modelo, careciendo de toda importancia y relevancia el abandono de valores compartidos, o la adopción de un sistema que pudiera rozar la inconstitucionalidad, puesto que el valor fundamental de la no dominación y de la autonomía individual, deben ser protegidos por el Estado a toda costa. La prevención de la dominación, como ideal último, legitimaría al Estado para la ejecución de cualquier acción coactiva (léase por fuerza de la ley), que sea necesaria y en cualquier ámbito.

Frente a esta forma de entender la política y la sociedad, entendemos necesario mantener los postulados básicos del Estado de derecho. Es necesario afirmar la existencia de valores morales, culturales, sociales, políticos y religiosos, que deben ser elegidos de forma objetiva como configuradores de una auténtica libertad. Cuando la ley los desdibuja, los priva de su esencia o los sustituye, sin otra razón que la defensa de la autonomía individual —supuestamente previniendo de la arbitraria dominación—, paradójicamente nos encontramos con la situación opuesta: la imposición por el Estado de valores coyunturales y cambiantes que pueden hacen saltar por los aires, instituciones jurídicas básicas; es decir, el triunfo de la dominación del Estado, el triunfo del *imperium*, como lo denomina el propio Pettit.

En esas condiciones, la lucha por el mantenimiento de un continuo proceso democrático real se obstaculiza gravemente. La confusión de valores, el individualismo resultante de la exageración de la autonomía moral, en definitiva, *el relativismo ético radical*, condu-

cen inexorablemente a una sociedad carente de horizontes, a instituciones que incurren en la corrupción que se apodera de las estructuras de poder, porque el esfuerzo común en una dirección adecuada,
simplemente no existe.

No sería justo negar que Zapatero haya podido obtener algún
acierto en su gestión, pero ciertamente no alcanzamos a identificarlo.
Esto no debe ser óbice para exigir que en la actual situación política y
económica, cargue con la responsabilidad que la ley le atribuye como
Presidente del Gobierno. No ya solo por la anómala situación económica que sufre el país —negada en su origen—, a la que ha respondi-
do con evidente pasividad, sino porque su ***arbitrariedad*** legislativa
ha supuesto ***un modo de dominación*** de mayorías, impidiendo el
ejercicio de ***la libertad*** de muchos.

V. EPÍLOGO

Concluiremos con una recapitulación de la problemática analizada, reformulando la pregunta inicial y resumiendo brevemente la respuesta que se aparece como más coherente con los hechos.

Hemos partido de la convicción de que la mayor parte de los ciudadanos necesitan llevar adelante su ideal de vida, abriéndose ante los grandes valores que son compartidos por la humanidad.

La Historia ha permitido encontrar, en los modernos sistemas políticos, lo que hoy se entiende como el mejor medio de regular la cuestión social. Tales sistemas políticos, se plasman en el Estado social y democrático de derecho. Estado de derecho en la medida en que se fundamenta en la existencia de una Constitución, fundamento y referencia de la Ley, donde se respeta la separación de poderes y se han previsto garantías suficientes para evitar desviaciones de los valores constitucionales compartidos. Estado democrático en la medida en que el ciudadano se ve inmerso en un proceso activo y permanente de participación y respeto en las decisiones comunes y donde se garantiza la pluralidad y la posibilidad de situarse frontalmente contra el poder, venga de donde venga.

A la luz de estas referencias comunes, nos preguntábamos si en la situación actual de España, se pueden reconocer elementos fácticos que pudieran ser contrarios al concepto de Estado que el pueblo soberano ha construido. Propusimos analizar algunas normas promulgadas en el Sexenio 2004-2010, para intentar encontrar una respuesta. El resultado es a nuestro juicio significativo, y cobra su auténtica dimensión de fondo cuando se pone en relación con la base ideológica de los Gobiernos que actuaron.

Una equivocada interpretación del republicanismo cívico, la versión práctica del mismo realizada por los Gobiernos de Zapatero, y su dificultad intrínseca para formular una noción de libertad verdadera, han conducido a serios desajustes en nuestro país, cuyas consecuencias todavía no se han manifestado en plenitud. La grave crisis del PSOE evidenciada en el revés sufrido en las elecciones generales de 2000, abrió la puerta a una nueva corriente interna en el partido, que dio pié a llevar al poder a personas sin el necesario bagaje intelectual y carentes de experiencia política y en algunos casos, profesional. Desde entonces, cobra fuerza la alucinación del progresismo derivada de la creencia en que se había encontrado la panacea política en una interpretación parcial del republicanismo cívico. Esta situación conduce a los Gobiernos sucesivos a elaborar leyes contrarias al espíritu democrático, y algunas de ellas, dudosamente constitucionales. Esta trayectoria legislativa, que ha roto consensos y difuminado valores que no se encontraban en entredicho, tiene su lógica en una interpretación torpe del concepto de libertad como «no-dominación», y del papel del Estado como garante de la misma. Así y como mero ejemplo, se pueden encajar algunas de las medidas legislativas dentro de las conclusiones que sobre los logros cívicos de Zapatero, hace el propio Pettit (MARTIN, 2006):

a) *«el inicio de un diálogo sobre el modelo territorial de España»*. Concluye con la desaparición del tripartito, y con la declaración de inconstitucionalidad del Estatuto de Cataluña.

b) *«El firme liderazgo en temas como la violencia doméstica o los derechos de los homosexuales»*. Demuestra la inhabilidad del Gobierno para afrontar el tema de la violencia de género y su parcialidad al reducir la cuestión del dominio o los derechos a una mera cuestión de sexo; impone una discriminación inconstitucional violando el principio de igualdad, en contra del hombre. El liderazgo a favor de los derechos de los homosexuales, culmina inexorablemente en la violación de la institución matrimonial, que queda desfigurada, haciendo de las proclamas constitucionales, meras palabras cuyo significado puede ser atribuido por el Gobierno de turno.

No puede caber duda acerca de la existencia de un programa preestablecido, aunque errático, para introducir leyes que impongan el modelo de persona y sociedad que el Presidente del Gobierno y sus seguidores más inmediatos imaginan como más progresista y libertario. Progresismo a ultranza que en realidad desemboca en el desprecio de los valores más sólidos de la civilización. Progresismo que se inspira en muchas ocasiones, como por ejemplo la propia ley del aborto, en idearios nacidos de filósofos y politólogos norteamericanos conocidos por sus claras tendencias relativistas y de banalización de bienes jurídicos indiscutidos. Paradójicamente, esta corriente política socialista que se declara antiimperialista, defensora de la Alianza de Civilizaciones, tiene sus bases ideológicas fundamentadas en corrientes filosóficas discutibles surgidas en USA, un Imperio que hoy por hoy, no encuentra «contrapoder». Todo ello mientras la gran masa social pasa desapercibida de las consecuencias de tales directrices.

Quizás algunas de las tareas prioritarias en la recuperación de los valores y el logro de un Estado de derecho aceptable, sean aquellas a las que menos atención ponen los políticos de *las nuevas vías*: la Educación y el funcionamiento plenamente independiente del Poder Judicial y del Tribunal Constitucional como garantía primera del cumplimiento de la Norma Suprema del Estado. Se hace necesaria una educación en la responsabilidad y los valores, que desde luego no encaja en absoluto con una educación en el relativismo moral, que supuestamente conduciría a lo único que debe ser considerado «progresista»: la liberación del dominio de los otros. Una liberación falsa que lleva al individuo a ser esclavo de su propia actuación instintiva y a la sociedad a su descomposición. De la misma forma, mientras el Poder Judicial o el Tribunal Constitucional, se mantengan atrofiados por la ineficacia de los sucesivos Gobiernos, a los que probablemente no interesa una Justicia ágil, será imposible lograr los objetivos nacionales que el propio Ordenamiento promete.

REFERENCIAS

AGENCIA EUROPA-PRESS. (18-10-2010). Recuperado el 19 de Octubre de 2010, de http://es.noticias.yahoo.com/12/20101018/tpl-zapatero-se-asegura-el-apoyo-parlame-ee974b3.html.

ARROW, K. (1950). A difficulty in the concept of social welfare. *The Journal of Political Economy, Vol. 58(4)*, 328-346.

ATC 12/2008 (Tribunal Constitucional Español 16 de enero de 2008).

ATC 222/1994 (Tribunal Constitucional Español 11 de julio de 1994).

ATC 505/2005 (Tribunal Constitucional Español 13 de diciembre de 2005).

ATC 508/2005 (Tribunal Constitucional Español 13 de diciembre de 2005).

AUSTIN, J. (1970(1832)). *The Province of Jurisprudence determined.* Nueva York: Burt Franklin. Reimpresión de la primera edición póstuma de 1861. La primera edición apareció en 1832.

BOBBIO, N. (1985). *El futuro de la democracia.* Barcelona: Plaza y Janés.

BOBBIO, N. (1992). *El problema del positivismo jurídico.* México: Fontamara.

Centro de Investigaciones Sociológicas. (25 de Junio de 2004). *CIS.* Recuperado el 24 de Noviembre de 2010, de http://www.cis.es/cis/opencm/ES/1_encuestas/estudios/ver.jsp?estudio=4034

Consejo de Estado. (22 de Junio de 2006). Anteproyecto de Ley Orgánica de igualdad entre hombre y mujeres. *Dictámenes del Consejo de Estado .* Madrid, España: Ref. 803/2006.

Consejo de Estado. (24 de Junio de 2004). Anteproyecto de Ley Orgánica integral de medidas contra la violencia ejercida sobre las mujeres. *Dictámenes del Consejo de Estado*. Madrid, España: Ref. 1485/2004.

Consejo de Estado. (16 de Diciembre de 2004). Anteproyecto de Ley por el que se modifica el Código Civil en materia de derecho a contraer matrimonio. *Dictámenes del Consejo de Estado*. Madrid, España: Ref. 2628/2004.

Consejo General del Poder Judicial. (25 de Enero de 2006). Estudio sobre la propuesta de Reforma del Estatuto de Autonomía de Cataluña. *Estudios del Consejo General del Poder Judicial*.

Consejo General del Poder Judicial. (26 de Enero de 2005). Estudio sobre la Reforma del Código Civil en materia de matrimonio entre personas del mismo sexo. *Informes del Consejo General del Poder Judicial*. Madrid, España.

Consejo General del Poder Judicial. (24 de Junio de 2004). Informe al anteproyecto de ley orgánica integral de medidas contra la violencia ejercida sobre la mujer. *Informes del Consejo General del Poder Judicial*. Madrid, España.

Consejo General del Poder Judicial. (2006 de Abril de 2006). Informe sobre el anteproyecto de Ley Orgánica de igualdad de hombres y mujeres. *Informes del Consejo General del Poder Judicial*. Madrid, España.

Consejo General del Poder Judicial. (24 de Junio de 2004). Votos particulares - Informe al anteproyecto de Ley Orgánica integral de medidas contra la violencia ejercida sobre la mujer. *Informes del Consejo General del Poder Judicial*. Madrid, España.

Constitución Española. (1978). Madrid: B.O.E. núm. 311 de 29/12/1978, páginas 29313 a 29424.

Diario El Pais. (27 de diciembre de 2008). *ElPais.com*. Recuperado el 15 de Diciembre de 2010, de http://www.elpais.com/articulo/es-

pana/Zapatero/Espana/saldra/crisis/finales/2009/elpepuesp/
20081227elpepunac_4/Tes

DOMINGO OSLÉ, R. (21 de Octubre de 2010). *Reggio's - El Aprendiz de brujo.* Recuperado el 24-Octubre-2010, de http://elcomenta-rio.tv/reggio/el-aprendiz-de-brujo-de-rafael-domingo-osle-en-el-mundo/21/10/2010/

DWORKIN, R. (1986). *Law's Empire.* Cambridge, Massachussetts: The Belknap Press of Harvard University Press.

DWORKIN, R. (2002.). *Los derechos en serio.* Barcelona: Ariel. 5ª Reimpresión. 1ª Edición en inglés 1977. Traducida por Marta Guastavino.

FERNÁNDEZ BEITES, P. (2004). *Sustantividad humana: Embrión y actividad pasiva de la intelgiencia. En: Filosofía práctica y persona humana. Coord. Ildefonso Murillo.* Universidad Pontificia de Salamanca.

FORUM LIBERTAS. (30 de Julio de 2004). *FORUMLIBERTAS.COM.* Recuperado el 24 de Octubre 2010, de http://www.forumlibertas.com/frontend/forumlibertas/imprimir.php?id_noticia=499

Grupo Parlamentario Socialista en el Congreso. (22 de Junio de 2005). Comisiones de Investigación: Sobre el 11 de Marzo de 2004. *Diario de Sesiones del Congreso de los Diputados,* pág. 40.

HART, H. (Feb. 1958). Positivism and the separation of Law and Morals. *Harvard Law Revews, 71* (4), 593-629.

HART, H. (2000). *Post scríptum al concepto de derecho.* México: Penélope A. Bulloch y Joseph Raz. Universidad Autónoma de México.

HART, H. (1961). *The concept of law.* Oxford: Clareadon Press.

HOLMES, O. (2006 (1897)). *The path of the law.* Recuperado el 14 de Septiembre de 2010 de www.gutenberg.org/etext/2373. (Del original publicado en 1897: 10 Harvard Law Review 457).

KELSEN, H. (2001). *La Garantía jurisdiccional de la Constitución (La Justicia constitucional).* México: Universidad Nacional Autónoma de México. Trad. de Rolando Tamayo, realizada sobre la ponencia original de 1928.

LOPEZ QUINTÁS, A. (2009). *Descubrir la grandeza de la vida.* Bilbao: Desclée de Brouwer.

MARTÍ J.L. y PETTIT, P. (2010). *A political Philosophy in Public Life.* New Jersey: Princeton University Press.

MARTIN, C. (3 de Junio de 2006). El Maestro Pettit examina al alumno Zapatero. *Tiempo*, págs. 36-39.

MICHELS, R. (2010). *Los partidos políticos.* Madrid: Amorrortu.

Ministerio de Igualdad. (2009). *2 años de aplicación de la Ley orgánica 3/2007, de 22 de marzo, para la igualdad efectiva de hombres y mujeres.* Gobierno de España.

PETTIT, P. (1997). *Republicanism: A Theory of Freedom and Gouvernement.* New York: Oxford University Press Inc.

Recurso de Inconstitucionalidad 6864/2005, contra la Ley 13/2005 de 1 de julio; Providencia de admisión a trámite (Tribunal Constitucional Español 25 de octubre de 2005).

Sentencia recaída en Demanda en defensa del honor instada por Sánchez Manzano, Sentencia 189 Proc. 212/2008 (Juzgado de Primera Instancia nº 56 de Madrid 11 de Septiembre de 2009).

STC 116/1989 (Tribunal Constitucional Español (Pleno), 17 de junio de 1999).

STC 12/2008 (Tribunal Constitucional Español (Pleno) 29 de enero de 2008).

STC 25/1981 (Tribunal Constitucional Español (Pleno), 14 de Julio de 1981).

STC 31/2010, Tribunal Constitucional Español (Pleno), 28 de junio de 2010.

STC 45/2009 (Tribunal Constitucional Español (Pleno), 19 de febrero de 2009).

STC 53/1985 (Tribunal Constitucional Español (Pleno), 11 de abril de 1985).

STC 59/2008 (Tribunal Constitucional Español (Pleno), 14 de mayo de 2008).

TRIGO CALONGE, R. M. (2010). *Impunidad del aborto: relativismo ético supralegal o reinterpretación constitucional del derecho penal.* Madrid, España: Tesis Doctoral. Archivo Abierto institucional de la Universidad Rey Juan Carlos.

ANEXO I: Leyes Del Sexenio 2004-2010

Penal	Civil	Administrativo	Laboral y Seg. Social	Mercantil	Mercantil	Procesal	Fiscal y Tributaria	Poderes Constitucionales
LO 1-2004		L 1-2004					L 2-2004	LO 2-2004
		RDL 4-2004					L 3-2004	LO 3-2004
		RDL 5-2004					L 4-2004	
		RDLeg 2-2004					RDLeg 3-2004	
		RDLeg 6-2004					RDLeg 4-2004	
		RDLeg 7-2004					RDLeg 5-2004	
		RDLeg 8-2004						
LO 2-2005	L 12-2005	LO 1-2005	L 8-2005				L 30-2005	LO 3-2005
LO 4-2005	L 13-2005	L 1-2005	L 9-2005					LO 5-2005
	L 15-2005	L 3-2005	L 14-2005					
		L 6-2005	RDL 16-2005					
		L 10-2005						
		L 17-2005						

Penal	Civil	Administrativo	Laboral y Seg. Social	Mercantil	Mercantil	Procesal	Fiscal y Tributaria	Poderes Constitucionales
		L 21-2005						
		L 27-2005						
		L 28-2005						
LO 8-2006		LO 2-2006	L 37-2006	L 7-2006	L 8-2006	L 18-2006	LO 3-2006	LO 1-2006
L 14-2006		LO 7-2006	L 43-2006				L 6-2006	LO 4-2006
		L 1-2006	RDL 5-2006				L 15-2006	LO 5-2006
		L 5-2006					L 35-2006	LO 6-2006
		L 17-2006					L 36-2006	
		L 19-2006					L 38-2006	
		L 20-2006					L 42-2006	
		L 21-2006						
		L 22-2006						
		L 23-2006						
		L 24-2006						
		L 34-2006						
		L 39-2006						
		L 40-2006						

Penal	Civil	Administrativo	Laboral y Seg. Social	Mercantil	Mercantil	Procesal	Fiscal y Tributaria	Poderes Constitucionales
		L 41-2006						
		L 44-2006						
LO 13-2007	L 3-2007	LO 3-2007	L 18-2007	LO 7-2007			L 48-2007	LO 1-2007
LO 15-2007		LO 16-2007	L 20-2007	LO 11-2007			L 51-2007	LO 5-2007
L 14-2007		L 7-2007	L 38-2007	LO 12-2007			RDLeg 2-2007	LO 6-2007
L 19-2007		L 8-2007	L 40-2007	L 39-2007				LO 8-2007
		L 10-2007		L 46-2007				LO 9-2007
		L 15-2007						LO 14-2007
		L 21-2007						
		L 22-2007						
		L 24-2007						
		L 25-2007						
		L 41-2007						
		L 43-2007						
		L 49-2007						
		L 50-2007						

El Sexenio 2004-2010

Penal	Civil	Administrativo	Laboral y Seg. Social	Mercantil	Mercantil	Procesal	Fiscal y Tributaria	Poderes Constitucionales
		L 52-2007						
		L 55-2007						
		L 56-2007						
		RDL 1-2007						
		RDLeg 1-2007						
		LO 2-2008	RDL 1-2008	RDL 10-2008		LO 1-2008	RDL 5-2008	
		RDL 2-2008	RDL 4-2008				RDL 6-2008	
		RDL 3-2008					RDL 7-2008	
		RDLeg 1-2008					L 1-2008	
		RDleg 2-2008						
							L 2-2008	
							L 3-2008	
							L 4-2008	
	L 1-2009	LO 2-2009		L 3-2009		LO 1-2009		
		L 2-2009	L 14-2009			L 19-2009	L 26-2009	
		L 18-2009	L 27-2009				RDL 3-2009	
		L 25-2009	RDL 2-2009				RDL 5-2009	
			RDL 10-2009					

Penal	Civil	Administrativo	Laboral y Seg. Social	Mercantil	Mercantil	Procesal	Fiscal y Tributaria	Poderes Constitucionales
		RDL 1-2009					RDL 7-2009	
		RDL 4-2009					RDL 8-2009	
		RDL 6-2009						
		RDL 9-2009						
		RDL 11-2009						
LO 2-2010		LO 6-2010	L 32-2010	L 12-2010	RDL 3-2010		L 2-2010	LO 1-2010
LO 5-2010		L 1-2010	L 35-2010	L 15-2010			L 10-2010	LO 3-2010
		L 3-2010	RDL 2-2010				L 16-2010	LO 7-2010
		L 5-2010	RDL 6-2010				L 17-2010	LO 8-2010
		L 6-2010	RDL 10-2010				L 18-2010	LO 9-2010
		L 7-2010	RDL 12-2010				L 19-2010	L 4-2010
		L 8-2010					L 20-2010	
		L 9-2010					L 21-2010	
		L 9-2010					L 22-2010	
		L 11-2010					L 23-2010	
		L 13-2010					L 24-2010	
		L 14-2010					L 25-2010	

Penal	Civil	Administrativo	Laboral y Seg. Social	Mercantil	Mercantil	Procesal	Fiscal y Tributaria	Poderes Constitucionales
		L 31-2010					L 26-2010	
		L 34-2010					L 27-2010	
		L 38-2010					L 28-2010	
		L 40-2010					L 29-2010	
		L 41-010					L 30-2010	
		L 42-2010					L 33-2010	
		RDL 6-2010					L 36-2010	
		RDL 1-2010					L 37-2010	
		RDL 4-2010					L 39-2010	
		RDL 9-2010					RDL 5-2010	
		RDL eg 1-2010					RDL 7-2010	
							RDL 8-2010	
							RDL 11-2010	
							RDL 13-2010	
							RDL 14-2010	

ANEXO II: LEYES ANALIZADAS DEL SEXENIO 2004-2010

Ley Orgánica 1/2004, de 28 de diciembre, de medidas de protección integral contra la violencia de género.

Cuestiones de Inconstitucionalidad

- SE DECLARA:
- la INADMISIÓN de lo indicado en relación con el art. 171 de la LEY ORGÁNICA 10/1995, de 23 de noviembre, en la redacción dada, por SENTENCIA 79/2010, de 26 de octubre (Ref. BOE-A-2010-17756).
- en la cuestión 3508/2008, la INADMISIÓN en relación al art. 171.4, párrafo 2 en la redacción dada por el art. 38 de la LEY ORGÁNICA 1/2004, de 28 de diciembre y la DESESTIMACIÓN de todo lo demás, por SENTENCIA 74/2010, de 18 de octubre (Ref. BOE-A-2010-17751).
- la DESESTIMACIÓN en la CUESTIÓN 5003/2007 (Ref. 2007/20262), en relación con los arts. 148.4 y 153.1 de la LEY ORGÁNICA 10/1995, de 23 de noviembre, en la redacción dada, por SENTENCIA 45/2010, de 28 de julio (Ref. BOE-A-2010-13113).
- en las CUESTIONES acumuladas 2755/2007 y 7291/2008 (Refs. 2007/14324 y 2009/1105) la DESESTIMACIÓN, en relación con el art. 148.4, en la redacción dada, por SENTENCIA 41/2010, de 22 de julio (Ref. BOE-A-2010-12885).

- en la CUESTIÓN 8197/2006 (Ref. 2007/11310), la INADMI-
  SIÓN en relación con el art. 44, por SENTENCIA 213/2009,
  de 26 de noviembre (Ref. BOE-A-2009-21122).
- la INADMISIÓN de lo indicado y la DESESTIMACIÓN de
  todo lo demás, en relación con los arts. 153.1 y 171.4 de la
  LEY ORGÁNICA 10/1995 del 23 de noviembre, en la redacción dada, por SENTENCIA 203/2009, de 27 de octubre (Ref.
  BOE-A-2009-18824).
- en las CUESTIONES acumuladas 10789/2006 y 4615/2007
  (Refs. 2007/4361 y 2007/13263) la INADMISIÓN de lo indicado y la DESESTIMACIÓN de todo lo demás, en relación
  con los arts. 153.1 y 171.4 de la LEY ORGÁNICA 10/1995,
  de 23 de noviembre, en la redacción dada, por SENTENCIA
  202/2009, de 27 de octubre (Ref. BOE-A-2009-18823).
- la DESESTIMACION en las CUESTIONES acumuladas
  6812, 10662 y 11334/2006, 6883/2007, y 1038 y 6733/2008
  (Refs. 2006/16776, 2007/11311, 2007/04362, 2007/18533,
  2008/4902 y 2009/1103), en relación con los arts 153.1 y
  171.4 de la LEY ORGANICA 10/1995, de 23 de noviembre,
  en la redacción dada, por SENTENCIA 201/2009, de 27 de
  octubre (Ref. BOE-A-2009-18822).
- en las CUESTIONES acumuladas 9131 y 1877/2008 (Refs.
  2008/1620 y 2008/20879), la INADMISIÓN en relación con
  lo indicado del art. 171.4 y 5 de la LEY ORGÁNICA 10/1995
  del 23 de noviembre, en la redacción dada por el art. 38 y
  la DESESTIMACIÓN en todo lo demás, por SENTENCIA
  180/2009, de 21 de julio (Ref. BOE-A-2009-13758).
- en las CUESTIONES acumuladas 7453 y 9194/2007, 1230
  y 3802/2008 (Ref. 2007/20720, 2008/20893, 2008/5479 y
  2008/20882) la INADMISIÓN en relación con lo indicado del
  art. 171.4, en la redacción dada por el art. 38 y la DESESTI-

MACIÓN de todo lo demás de la LEY ORGÁNICA 10/1995, de 23 de noviembre, en la redacción dada, por SENTENCIA 179/2009, de 21 de julio (Ref. BOE-A-2009-13757).

- la DESESTIMACIÓN de la CUESTIÓN 9804/2006 (Ref. 2006/21542), en relación con el párrafo 1 de los arts. 153.1 y 171.4 de la LEY ORGÁNICA 10/1995, de 23 de noviembre, en la redacción dada, por SENTENCIA 178/2009, de 21 de julio (Ref. BOE-A-2009-13756).
- en la CUESTIÓN 9266/2005 (Ref. 2006/4500), la INADMISIÓN en relación con lo indicado del art. 171.4 y 6 de la LEY ORGÁNICA 10/1995 del 23 de noviembre, en la redacción dada por el art. 38, y la DESESTIMACIÓN de todo lo demás, por SENTENCIA 177/2009, de 21 de julio (Ref. BOE-A-2009-13755).
- la DESESTIMACIÓN de la CUESTIÓN 7825/2007 (Ref. 2007/19009), en relación con los artículos 153.1 y 172.2 de la LEY ORGÁNICA 10/1995, de 23 de noviembre, en la redacción dada, por SENTENCIA 167/2009, de 2 de julio (Ref. BOE-A-2009-12530).
- en la CUESTIÓN 11335/2006 (Ref. 2007/2391),la INADMISIÓN de lo indicado en relación con el artículo 153.1 de la LEY ORGÁNICA 10/1995, de 23 de noviembre, en la redacción dada y la DESESTIMACIÓN en todo lo demás, por SENTENCIA 166/2009, de 2 de julio (Ref. BOE-A-2009-12529).
- la INADMISIÓN de la CUESTIÓN 2000/2007 (Ref. 2007/8100) y la DESESTIMACIÓN de las CUESTIONES 6437/2006, 941, 1316, 5257, 8016, 8058 y 9495/2007, 963, 2857 y 3177/2008 (Refs. 2006/16775, 2007/16783, 2007/13260, 2007/14328, 2007/20267, 2007/20723, 2008/3517, 2008/4899, 2008/20880 y 2008/20881), en relación con el art. 171.4 de la LEY ORGÁNICA 10/1995, de 23 de noviembre, en la redacción dada por

el art. 38, por SENTENCIA 165/2009, de 2 de julio (Ref. BOE-A-2009-12528).

- la INADMISIÓN de lo indicado y la DESESTIMACIÓN en todo lo demás de la CUESTIÓN 5465/2006 (Ref. 2006/20150), en relación con los arts. 153.1 y 172.2, de la LEY ORGÁNICA 10/1995, de 23 de noviembre, en la redacción dada, por SENTENCIA 164/2009, de 2 de julio (Ref. BOE-A-2009-12527).

- en la CUESTIÓN 5438/2006 (Ref. 2006/17566), la INADMISIÓN de lo indicado en relación con el art. 171.4 de la LEY ORGÁNICA 10/1995 del 23 de noviembre, en la redacción dada por el art. 38, y la DESESTIMACIÓN de todo lo demás, por SENTENCIA 154/2009, de 25 de junio (Ref. BOE-A-2009-12517).

- la DESESTIMACIÓN de las CUESTIONES 1040, 8262 y 8965/2006, 46, 793, 1220, 2141, 3490, 6882, 7826, 8328, 9369, 9425 y 9927/2007, 717, 1039, 5752, 5753, 5756, 6620, 6621, 6734, 6777, 6954 y 8437/2008 (Refs. 2006/4509, 2006/21537, 2006/19495, 2007/4363, 2007/5438, 2007/6414, 2007/8101, 2007/13261, 2007/17575, 2007/19010, 2008/2327, 2008/1622, 2008/3516, 2008/2330, 2008/4897, 2008/4903, 2008/20883, 2008/20884, 2008/20885, 2008/20886, 2008/20887, 2008/20888, 2008/20889, 2008/20890 y 2008/20891), en relación con el art. 171.4 de la LEY ORGÁNICA 10/1995, de 23 de noviembre, en la redacción dada por el art. 38, por SENTENCIA 153/2009, de 25 de junio (Ref. BOE-A-2009-12516).

- la DESESTIMACIÓN de las CUESTIONES, acumuladas, 649, 1820, 2879, 4016, 5266, 6898, y 7123/2006 (Refs. 2006/4504, 2006/6335, 2006/10189, 2006/9180, 2006/10968, 2006/13940 y 2006/16777), en relación con el art. 174.4 de la LEY ORGÁNICA 10/1995, de 23 de noviembre, en la redacción dada, por SENTENCIA 152/2009, de 25 de junio (Ref. BOE-A-2009-12515).

- la DESESTIMACIÓN de las CUESTIONES acumuladas 7258/2005, 208, 5865, 5866, 6171 y 6477/2006 (Refs. 2006/4491, 2006/4503, 2006/16774, 2006/13092, 2006/11951 y 2006/13939), en relación con el art. 172.2 de la LEY ORGÁNICA 10/1995, de 23 de noviembre, en la redacción dada, por SENTENCIA 151/2009, de 25 de junio (Ref. BOE-A-2009-12514).

- la INADMISIÓN en lo indicado y la DESESTIMACIÓN en todo lo demás de las CUESTIONES acumuladas 7393 y 8198/2006, 6138/2007 y 6878/2008 (Refs. 2006/16779 y 2006/19091, 2007/16789 y 2009/1104), en relación con el art. 172.2 de la LEY ORGÁNICA 10/1995, de 23 de noviembre, en la redacción dada, por SENTENCIA 127/2009, de 26 de mayo (Ref. BOE-A-2009-10260).

- la INADMISIÓN de la CUESTIÓN 7616/2007 (Ref. 2007/19007) y la DESESTIMACIÓN de las CUESTIONES 5983/2005, 8295 y 9765/2006, 954, 1264, 2083, 3088, 6968 y 8972/2007, 52 y 2315/2008 (Refs. 2006/4488, 2006/17571, 2006/21541, 2007/11312, 2007/11313, 2007/11315, 2007/17576, 2007/22524, 2008/2332 y 2008/7323), en relación con el art. 171.4 de la LEY ORGÁNICA 10/1995, de 23 de noviembre, en la redacción dada, por SENTENCIA 45/2009, de 19 de febrero (Ref. BOE-A-2009-4366).

- 6733/2008 planteada por supuesta inconstitucionalidad de los arts. 153.1 y 171.4 de la LEY ORGÁNICA 10/1995, de 23 de noviembre, en la redacción dada (Ref. BOE-A-2009-1103).

- 2523/2008 planteada por supuesta inconstitucionalidad de los artículos 153.1 y 171.4 de la LEY ORGÁNICA 10/1995, de 23 de noviembre, en la redaccion dada (Ref. BOE-A-2009-1102).

- en las CUESTIONES acumuladas 1 y 2169/2008 (Refs. 2008/4894 y 2008/7322), la INADMISIÓN en lo indicado y la

DESESTIMACIÓN en todo lo demás en relación con el art. 153 de la LEY ORGÁNICA 10/1995, de 23 de noviembre, en la redacción dada, por SENTENCIA 100/2008, de 24 de julio (Ref. BOE-T-2008-14044).

- en las CUESTIONES acumuladas 8300, 9744 y 9745/2007, 2, 716, 1124 y 1879/2008 (Refs. 2008/3511, 2008/3518, 2008/3519, 2008/2331, 2008/4896, 2008/4908 y 2008/7321), la DESESTIMACIÓN en relación con el art. 153.1 de la LEY ORGÁNICA 10/1995, de 23 de noviembre, en la redacción dada, por SENTENCIA 99/2008, de 24 de julio (Ref. BOE-T-2008-14043).

- la DESESTIMACIÓN en la CUESTIÓN 51/2007 (Ref. 2007/16782), en relación con el art. 153.1 de la LEY ORGÁNICA 10/1995, de 23 de noviembre, en la redacción dada, por SENTENCIA 98/2008, de 24 de julio (Ref. BOE-T-2008-14042).

- la DESESTIMACIÓN en la CUESTIÓN 10487/2006 (Ref. 2007/2387), en relación con el 153.1 de la LEY ORGÁNICA 10/1995, de 23 de noviembre, en la redacción dada, por SENTENCIA 97/2008, de 24 de julio (Ref. BOE-T-2008-14041).

- la DESESTIMACIÓN en la CUESTIÓN 4655/2006 (Ref. 2006/10966), en relación con el art. 153.1 de la LEY ORGÁNICA 10/1995, de 23 de noviembre, en la redacción dada, por SENTENCIA 96/2008, de 24 de julio (Ref. BOE-T-2008-14040).

- la DESESTIMACIÓN en la CUESTIÓN 2013/2006 (Ref. 2006/6337), en relación con el 153.1 de la LEY ORGÁNICA 10/1995, de 23 de noviembre, en la redacción dada, por SENTENCIA 95/2008, de 24 de julio (Ref. BOE-T-2008-14039).

- la DESESTIMACIÓN en las CUESTIONES acumuladas 5163, 5439, 5937, 6034, 8109, 8231, 8232, 9154 y 9155/2006, 306,

4660, 6288, 7617, 8846, 8847, 8973, 9018, 9019, 9746/2007 y 483/2008 (Refs. 2006/10967, 2006/10969, 2006/11949, 2006/13093, 2006/17568, 2006/17569, 2006/17570, 2006/20152, 2006/19496, 2007/4365, 2007/13273, 2007/16790), 2007/19008, 2007/22522, 2007/22523, 2008/1619, 2008/3513, 2008/3514, 2008/4893 y 2008/3521), en relación con el art. 153.1 de la LEY ORGÁNICA 10/1995, de 23 de noviembre, en la redacción dada, por SENTENCIA 83/2008, de 17 de julio (Ref. BOE-T-2008-14027).

- la DESESTIMACIÓN en las CUESTIONES acumuladas 9579/2005, 2213, 2495, 2496, 2684, 3442, 4654 y 9592/2006 (Refs. 2006/4502, 2006/6338, 2006/6340, 2006/6341, 2006/10188, 2006/10190, 2006/10195 y 2007/16780), en relación con el art. 153.1 de la LEY ORGÁNICA 10/1995, de 23 de noviembre, en la redacción dada, por SENTENCIA 82/2008, de 17 de julio (Ref. BOE-T-2008-14026).

- en las CUESTIONES acumuladas 8202 y 8992/2005, 768, 4574, 4575, 4998, 6035, 6438, 7229, 8199, 8261, 8966, 10596 y 10661/2006, 47, 1218, 1219, 2922, 4616, 4763, 4815, 5924, 5925, 6360, 6662, 6663, 8622, 9318, 9368, 9423 y 9424/2007 y 1037/2008 (Refs. 2006/4495, 2006/4499, 2006/4506, 2006/10194, 2006/10195, 2006/16773, 2006/11950, 2006/13938, 2006/16778, 2006/20151, 2007/2386, 2006/21538, 2007/2388, 2007/16781, 2007/4364, 2007/6412, 2007/6413, 2007/13270, 2007/13264, 2007/14326, 2007/16784, 2007/16787, 2007/20263, 2007/16791, 2007/17574, 2007/20264, 2007/22521, 2008/3515, 2008/1621, 2008/1623, 2008/2329, y 2008/4901), la INADMISIÓN en lo indicado y la DESESTIMACIÓN en todo lo demás, relación con el art. 153.1 de la LEY ORGÁNICA 10/1995, de 23 de noviembre, en la redacción dada, por SENTENCIA 81/2008, de 17 de julio (Ref. BOE-T-2008-14025).

- en las CUESTIONES acumuladas 6660, 7729 y 8970/2005, 4576, 4577 y 9359/2006, 2848, 3340, 6439, 7827, 7828, 7829 y 7987/2007 y 84 y 85/2008 (Refs. 2006/4490, 2006/4494, 2006/4498,2006/10196,2006/10197,2006/21540,2007/11314, 2007/11317, 2007/18532, 2007/20722, 2007/19011, 2008/3510, 2007/20266, 2008/2333 y 2008/3520),, la IN-ADMISIÓN en lo indicado y la DESESTIMACIÓN en todo lo demás, en relación con el art. 153.1 de la LEY ORGÁNICA 10/1995, de 23 de noviembre, en la redacción dada, por SEN-TENCIA 80/2008, de 17 de julio (Ref. BOE-T-2008-14024).

- la DESESTIMACIÓN en las CUESTIONES acumuladas 6618 y 8236/2005, 760, 1579, 2215, 5351, 7558, 8437, 8906, 9361, 10486, 10913/2006,1415, 4561, 4814, 5615, 5926, 7497 y 8384/2007 y 543 y 1036/2008 (Refs. 2006/4489, 2006/4496, 2006/4505, 2006/5704, 2006/6339, 2006/13091, 2006/16781, 2007/16786, 2007/16788, 2007/20721, 2008/3512, 2008/4895, 2008/4900), en relación con el art. 153.1 de la LEY ORGÁNICA 10/1995, de 23 de noviembre, en la redacción dada, por SENTENCIA 76/2008, de 3 de julio (Ref. BOE-T-2008-12649).

- la DESESTIMACIÓN de la CUESTIÓN 5939/2005 (Ref. 2006/2959), en relación con el art. 153.1 de la LEY ORGÁ-NICA 10/1995, de 23 de noviembre, en la redacción dada, por SENTENCIA 59/2008, de 14 de mayo (Ref. BOE-T-2008-9606).

- 1038/2008 planteada por supuesta inconstitucionalidad de los arts. 153.1 y 171.4 de la LEY ORGÁNICA 10/1995, de 23 de noviembre, en la redacción dada, en la redacción dada (Ref. BOE-A-2008-4902).

- 1037/2008, planteada por supuesta inconstitucionalidad del artículo 153.1 de la LEY ORGÁNICA 10/1995, de 23 de no-viembre, en la redacción dada (Ref. BOE-A-2008-4901).

- 1036/2008, planteada por supuesta inconstitucionalidad del art. 153.1 de la LEY ORGÁNICA 10/1995, de 23 de noviembre, en la redacción dada (Ref. BOE-A-2008-4900).
- 543/2008, planteada por supuesta inconstitucionalidad del art. 153.1 de la LEY ORGÁNICA 10/1995, de 23 de noviembre, en la redacción dada (Ref. BOE-A-2008-4895).
- 9746/2007 planteada por supuesta inconstitucionalidad del art. 153.1 de la LEY ORGÁNICA 10/1995, de 23 de noviembre, en la redacción dada (Ref. BOE-A-2008-4893).
- 483/2008, planteada por supuesta inconstitucionalidad del art. 153.1 de la LEY ORGÁNICA 10/1995, de 23 de noviembre, en la redacción dada (Ref. BOE-A-2008-3521).
- 85/2008, planteada por supuesta inconstitucionalidad del art. 153.1 de la LEY ORGÁNICA 10/1995, de 23 de noviembre, en la redacción dada (Ref. BOE-A-2008-3520).
- 9744/2007, planteada por supuesta inconstitucionalidad del art. 153.1 de la LEY ORGÁNICA 10/1995, de 23 de noviembre, en la redacción dada (Ref. BOE-A-2008-3518).
- 9318/2007, planteada por supuesta inconstitucionalidad del art. 153.1 de la LEY ORGÁNICA 10/1995, de 23 de noviembre, en la redacción dada (Ref. BOE-A-2008-3515).
- 9019/2007, planteada por supuesta inconstitucionalidad del art. 153.1 de la LEY ORGÁNICA 10/1995, de 23 de noviembre, en la redacción dada (Ref. BOE-A-2008-3514).
- 9018/2007, planteada por supuesta inconstitucionalidad del art. 153.1 de la LEY ORGÁNICA 10/1995, de 23 de noviembre, en la redacción dada (Ref. BOE-A-2008-3513).
- 9424/2007, planteada por supuesta inconstitucionalidad del art. 153.1 de la LEY ORGÁNICA 10/1995, de 23 de noviembre, en la redacción dada (Ref. BOE-A-2008-2329).
- 9130/2007, planteada por supuesta inconstitucionalidad del

art. 153.1 de la LEY ORGÁNICA 10/1995, de 23 de noviembre, en la redacción dada (Ref. BOE-A-2008-2328).

- 9423/2007, planteada por supuesta inconstitucionalidad del art. 153.1 de la LEY ORGÁNICA 10/1995, de 23 de noviembre, en la redacción dada (Ref. BOE-A-2008-1623).

- 9368/2007, planteada por supuesta inconstitucionalidad del art. 153.1 de la LEY ORGÁNICA 10/1995, de 23 de noviembre, en la redacción dada (Ref. BOE-A-2008-1621).

- 8973/2007, planteada por supuesta inconstitucionalidad del art. 153.1 de la LEY ORGÁNICA 10/1995, de 23 de noviembre, en la redacción dada (Ref. BOE-A-2008-1619).

- 8847/2007, planteada por supuesta inconstitucionalidad del art. 153.1 de la LEY ORGÁNICA 10/1995, de 23 de noviembre, en la redacción dada (Ref. BOE-A-2007-22523).

- 8846/2007, planteada por supuesta inconstitucionalidad del art. 153.1 de la LEY ORGÁNICA 10/1995, de 23 de noviembre, en la redacción dada (Ref. BOE-A-2007-22522).

- 8622/2007, planteada por supuesta inconstitucionalidad del art. 153.1 de la LEY ORGÁNICA 10/1995, de 23 de noviembre, en la redacción dada (Ref. BOE-A-2007-22521).

- 6663/2007, planteada por supuesta inconstitucionalidad de del art. 153.1 de la LEY ORGÁNICA 10/1995, de 23 de noviembre, en la redacción dada (Ref. BOE-A-2007-20264).

- 5925/2007, planteada por supuesta inconstitucionalidad del art. 153.1 de la LEY ORGÁNICA 10/1995, de 23 de noviembre, en la redacción dada (Ref. BOE-A-2007-20263).

- 7617/2007, planteada por supuesta inconstitucionalidad del art. 153.1 de la LEY ORGÁNICA 10/1995, de 23 de noviembre, en la redacción dada (Ref. BOE-A-2007-19008).

- 6883/2007, planteada por supuesta inconstitucionalidad del art. 153.1, inciso 1 y 171.4 de la LEY ORGÁNICA 10/1995, de

23 de noviembre, en la redacción dada (Ref. BOE-A-2007-18533).

- 6662/2007, planteada por supuesta inconstitucionalidad del art. 153.1 de la LEY ORGÁNICA 10/1995, de 23 de noviembre, en la redacción dada (Ref. BOE-A-2007-17574).

- 6360/2007, planteada por supuesta inconstitucionalidad del art. 153.1 de la LEY ORGÁNICA 10/1995, de 23 de noviembre, en la redacción dada (Ref. BOE-A-2007-16791).

- 6288/2007, planteada por supuesta inconstitucionalidad del art. 153.1 de la LEY ORGÁNICA 10/1995, de 23 de noviembre, en la redacción dada (Ref. BOE-A-2007-16790).

- 5926/2007, planteada por supuesta inconstitucionalidad del art. 153.1 de la LEY ORGÁNICA 10/1995, de 23 de noviembre, en la redacción dada (Ref. BOE-A-2007-16788).

- 5924/2007, planteada por supuesta inconstitucionalidad del art. 153.1 de la LEY ORGÁNICA 10/1995, de 23 de noviembre, en la redacción dada (Ref. BOE-A-2007-16787).

- 4815/2007, planteada por supuesta inconstitucionalidad del art. 153.1 de la LEY ORGÁNICA 10/1995, de 23 de noviembre, en la redacción dada (Ref. BOE-A-2007-16784).

- 51/2007, planteada por supuesta inconstitucionalidad del art. 153.1 de la LEY ORGÁNICA 10/1995, de 23 de noviembre, en la redacción dada (Ref. BOE-A-2007-16782).

- 10661/2006, planteada por supuesta inconstitucionalidad del art. 153.1 de la LEY ORGÁNICA 10/1995, de 23 de noviembre, en la redacción dada (Ref. BOE-A-2007-16781).

- 4763/2007 planteada por supuesta inconstitucionalidad del art. 153.1 de la LEY ORGÁNICA 10/1995, de 23 de noviembre, en la redacción dada (Ref. BOE-A-2007-14326).

- 4660/2007, planteada por supuesta inconstitucionalidad del art. 153.1 de la LEY ORGÁNICA 10/1995, de 23 de noviembre, en la redacción dada (Ref. BOE-A-2007-13273).

- 2922/2007, planteada por supuesta inconstitucionalidad del art. 153.1 de la LEY ORGÁNICA 10/1995, de 23 de noviembre, en la redacción dada (Ref. BOE-A-2007-13270).
- 9853/2006, planteada por supuesta inconstitucionalidad del art. 171.4, 5 y 6 de la LEY ORGÁNICA 10/1995, de 23 de noviembre, en la redacción dada (Ref. BOE-A-2007-13269).
- 9201/2006, planteada por supuesta inconstitucionalidad del art. 153.1, 3 y 4 de la LEY ORGÁNICA 10/1995, de 23 de noviembre, en la redacción dada (Ref. BOE-A-2007-13268).
- 4616/2007, planteada por supuesta inconstitucionalidad del art. 153.1 (Ref. BOE-A-2007-13264).
- 4615/2007, planteada por supuesta inconstitucionalidad de los arts. 153.1 y 171.4 de la LEY ORGÁNICA 10/1995, de 23 de noviembre, en la redacción dada (Ref. BOE-A-2007-13263).
- 10662/2006, planteada por supuesta inconstitucionalidad de los arts. 153.1 y 171.4 de la LEY ORGÁNICA 10/1995, de 23 de noviembre, en la redacción dada (Ref. BOE-A-2007-11311).
- 1219/2007, planteada por supuesta inconstitucionalidad del art. 153.1 de la LEY ORGÁNICA 10/1995, de 23 de noviembre, en la redacción dada (Ref. BOE-A-2007-6413).
- 1218/2007, planteada por supuesta inconstitucionalidad del art. 153.1 de la LEY ORGÁNICA 10/1995, de 23 de noviembre, en la redacción dada (Ref. BOE-A-2007-6412).
- 306/2007, planteada por supuesta inconstitucionalidad del art. 153.1 de la LEY ORGÁNICA 10/1995, de 23 de noviembre, en la redacción dada (Ref. BOE-A-2007-4365).
- 47/2007, planteada por supuesta inconstitucionalidad del art. 153.1 de la LEY ORGÁNICA 10/1995, de 23 de noviembre, en la redacción dada (Ref. BOE-A-2007-4364).

- 11334/2006, planteada por supuesta inconstitucionalidad de los arts. 153.1 y 171.4 la LEY ORGÁNICA 10/1995, de 23 de noviembre, en la redacción dada (Ref. BOE-A-2007-4362).
- 10596/2006, planteada por supuesta inconstitucionalidad del art. 153.1 de la LEY ORGÁNICA 10/1995, de 23 de noviembre, en la redacción dada (Ref. BOE-A-2007-2388).
- 8261/2006, planteada por supuesta inconstitucionalidad del art. 153.1 de la LEY ORGÁNICA 10/1995, de 23 de noviembre, en la redacción dada (Ref. BOE-A-2007-2386).
- 8966/2006, planteada por supuesta inconstitucionalidad del art. 153.1 de la LEY ORGÁNICA 10/1995, de 23 de noviembre, en la redacción dada (Ref. BOE-A-2006-21538).
- 9154/2006, planteada por supuesta inconstitucionalidad del art. 153.1 de la LEY ORGÁNICA 10/1995, de 23 de noviembre, en la redacción dada (Ref. BOE-A-2006-20152).
- 8199/2006, planteada por supuesta inconstitucionalidad del art. 153.1 de la LEY ORGÁNICA 10/1995, de 23 de noviembre, en la redacción dada (Ref. BOE-A-2006-20151).
- 9155/2006, planteada por supuesta inconstitucionalidad del art. 153.1 de la LEY ORGÁNICA 10/1995, de 23 de noviembre, en la redacción dada (Ref. BOE-A-2006-19496).
- 8232/2006, planteada por supuesta inconstitucionalidad del art. 153.1 de la LEY ORGÁNICA 10/1995, de 23 de noviembre, en la redacción dada (Ref. BOE-A-2006-17570).
- 8231/2006, planteada por supuesta inconstitucionalidad del art. 153.1 de la LEY ORGÁNICA 10/1995, de 23 de noviembre, en la redacción dada (Ref. BOE-A-2006-17569).
- 8109/2006, planteada por supuesta inconstitucionalidad del art. 153.1 de la LEY ORGÁNICA 10/1995, de 23 de noviembre, en la redacción dada (Ref. BOE-A-2006-17568).
- 7229/2006, planteada por supuesta inconstitucionalidad del

art. 153.1 de la LEY ORGÁNICA 10/1995, de 23 de noviembre, en la redacción dada (Ref. BOE-A-2006-16778).

- 6812/2006, planteada por supuesta inconstitucionalidad de los arts. 153.1 y 171.4 de la LEY ORGÁNICA 10/1995, de 23 de noviembre, en la redacción dada (Ref. BOE-A-2006-16776).

- 5865/2006, planteada por supuesta inconstitucionalidad del art. 171.4 de la LEY ORGÁNICA 10/1995, de 23 de noviembre, en la redacción dada (Ref. BOE-A-2006-16774).

- 4998/200, planteada por supuesta inconstitucionalidad del art. 153.1 de la LEY ORGÁNICA 10/1995, de 23 de noviembre, en la redacción dada (Ref. BOE-A-2006-16773).

- 6438/2006 planteada por supuesta inconstitucionalidad del art. 153.1 de la LEY ORGÁNICA 10/1995, de 23 de noviembre, en la redacción dada (Ref. BOE-A-2006-13938).

- 6034/2006, planteada por supuesta inconstitucionalidad del art. 153.1 de la LEY ORGÁNICA 10/1995, de 23 de noviembre, en la redacción dada (Ref. BOE-A-2006-13093).

- 6035/2006 planteada por supuesta inconstitucionalidad del art. 153.1 de la LEY ORGÁNICA 10/1995, de 23 de noviembre, en la redacción dada (Ref. BOE-A-2006-11950).

- 5937/2006 planteada por supuesta inconstitucionalidad del art. 153.1 de la LEY ORGÁNICA 10/1995, de 23 de noviembre, en la redacción dada (Ref. BOE-A-2006-11949).

- 5439/2006, planteada por supuesta inconstitucionalidad del art. 153.1 de la LEY ORGÁNICA 10/1995, de 23 de noviembre, en la redacción dada (Ref. BOE-A-2006-10969).

- 5163/2006, planteada por supuesta inconstitucionalidad del art. 153.1 de la LEY ORGÁNICA 10/1995, de 23 de noviembre, en la redacción dada (Ref. BOE-A-2006-10967).

- 4655/2006, planteada por supuesta inconstitucionalidad del art. 153, párrafos 1, 2 y 3 de la LEY ORGÁNICA 10/1995, de

23 de noviembre, en la redacción dada (Ref. BOE-A-2006-10966).

- 4575/2006, planteada por supuesta inconstitucionalidad del art. 153.1 de la LEY ORGÁNICA 10/1995, de 23 de noviembre, en la redacción dada (Ref. BOE-A-2006-10195).

- 4574/2006, planteada por supuesta inconstitucionalidad del art. 153.1 de la LEY ORGÁNICA 10/1995, de 23 de noviembre, en la redacción dada (Ref. BOE-A-2006-10194).

- 768/2006, planteada por supuesta inconstitucionalidad del art. 153.1 de la LEY ORGÁNICA 10/1995, de 23 de noviembre, en la redacción dada (Ref. BOE-A-2006-4506).

- 208/2006, planteada por supuesta inconstitucionalidad del art. 171.4 de la LEY ORGÁNICA 10/1995, de 23 de noviembre, en la redacción dada (Ref. BOE-A-2006-4503).

- 8992/2005, planteada por supuesta inconstitucionalidad del art. 153.1 de la LEY ORGÁNICA 10/1995, de 23 de noviembre, en la redacción dada (Ref. BOE-A-2006-4499).

- 8202/2006, planteada por supuesta inconstitucionalidad del art. 153.1 de la LEY ORGÁNICA 10/1995, de 23 de noviembre, en la redacción dada (Ref. BOE-A-2006-4495).

- 7258/2005, planteada por supuesta inconstitucionalidad del art. 171.4 de la LEY ORGÁNICA 10/1995, de 23 de noviembre, en la redacción dada (Ref. BOE-A-2006-4491).

Ley 13/2005, de 1 de julio, por la que se modifica el Código civil en materia de derecho a contraer matrimonio.

Recursos de Inconstitucionalidad:

- 6864/2005 promovido por más de 50 Diputados del Grupo Parlamentario Popular del Congreso de los Diputados. (Pendiente de Resolución).

Ley Orgánica 6/2006, de 19 de julio, de Reforma del Estatuto de Autonomía de Cataluña.

Recursos de Inconstitucionalidad:

- 8829/2006 (Ref. 2006/19042), en relación con lo indicado del art. 117, por SENTENCIA 49/2010, de 29 de septiembre (Ref. BOE-A-2010-16537).
- 9501/2006 (Ref. 2006/20147) la INADMISIÓN de lo indicado, la EXTINCIÓN por pérdida del objeto del art. 206.3 y la DESESTIMACIÓN de todo lo demás, por SENTENCIA 48/2010, de 9 de septiembre (Ref. BOE-A-2010-15597).
- 9568/2006 (Ref. 2006/20148) en relación con la disposición adicional 13, por SENTENCIA 47/2010, de 8 de septiembre (Ref. BOE-A-2010-15596).
- 9491/2006 (Ref. 2006/20146) en relación con la disposición adicional 13, por SENTENCIA 46/2010, de 8 de septiembre (Ref. BOE-A-2010-15595).
- 8045/2006 (Ref. 2006/17575), que carecen de eficacia jurídica interpretativa las referencias indicadas del preámbulo, la inconstitucionalidad y nulidad de los arts. 76.4, 97, 98.2.a) a e) y 3, 100.1 y de los incisos mencionados de los arts. 6.1, 78.1, 95.5 y 6, 99.1, 101.1 y 2, 111, 120.2, 126.2, 206.3 y 218.2 y la no inconstitucionalidad de los preceptos indicados interpretados según los f.j señalados, por SENTENCIA 31/2010, de 28 de junio (Ref. BOE-A-2010-11409).

Ley 14/2006, de 26 de mayo, sobre técnicas de reproducción humana asistida.

Deroga la Ley 35/1988, de Técnicas de reproducción humana asistida y la Ley 45/2003, de 22 de noviembre que la modifica. La Ley 35/1988, fue objeto del recurso de inconstitucionalidad que se cita, cuya resolución al parecer supuso que el Grupo Popular, no recurriera la Ley 14/2006:

- RECURSO 376/1989 (Ref. 1989/06631), desaparición sobrevenida del objeto respecto a lo indicado de la disposición adicional primera y la inconstitucionalidad de lo indicado en el art. 20.1, por SENTENCIA 116/1999, de 17 de junio (Ref. BOE-T-1999-15024).

Ley Orgánica 3/2007, de 19 marzo, para la igualdad efectiva de hombres y mujeres.

- CUESTIÓN 4069/2007 (Ref. 2007/14325) y del RECURSO 5643/2007 (Ref. 2007/14323) acumulados, en relación con el art. 44 bis de la LEY ORGÁNICA 5/1985, de 19 de junio, en la redacción dada por la disposición adicional 2.1, por SENTENCIA 12/2008, de 29 de enero (Ref. BOE-T-2008-3852).

Ley 14/2007, de 3 de julio, de Investigación Biomédica

Deroga la Ley 42/1988, de 28 de diciembre, de donación y utilización de embriones y fetos humanos, o de sus células tejidos u órganos, que fue objeto de recurso de inconstitucionalidad:

- RECURSO 596/1989 (Ref. 1989/09614), desaparición sobrevenida del objeto del proceso de la disposición adicional

1.e), la constitucionalidad del inciso indicado del art. 5.1 según el f.j 12 y la inconstitucionalidad y nulidad del inciso indicado del art. 9.1, por SENTENCIA 212/1996, de 19 de diciembre (Ref. BOE-T-1997-1180).

Ley Orgánica 2/2010, de 3 de marzo, de salud sexual y reproductiva y de la interrupción voluntaria del embarazo

Deroga el art. 417 bis del Antiguo Código Penal de 1973. Recursos:
- 4541/2010 promovido contra los arts. 14, 19.2 y el párrafo segundo de la disposición final 5 (Ref. BOE-A-2010-10823).
- 4523/2010 promovido contra determinados preceptos (Ref. BOE-A-2010-10822).

www.ingramcontent.com/pod-product-compliance
Lightning Source LLC
Chambersburg PA
CBHW060602200326

41521CB00007B/638